BLUMEN FÜR DEN TISCH

BLUMEN FÜR DEN TISCH

DEKORATIVE IDEEN FÜR FESTLICHE TAFELN

MONIKA KRATZ

Mit 48 Farbfotos

FLORISTIK
ULMER

Titelbild:
Flora-Press, Hamburg
Schmutztitel:
Aufgehängte Lampions (Seite 42)

Die Deutsche Bibliothek –
CIP-Einheitsaufnahme
Ein Titeldatensatz für diese Publikation ist bei Der Deutschen Bibliothek erhältlich.

Wollgrasweg 41 · 70599 Stuttgart
(Hohenheim)
E-mail: info@ulmer.de
Internet: www.ulmer.de
Lektorat: Ruth Barlage, Carola Hils
Printed in Germany
Layout und Produktion: Birgit Beyer, Köln
Reihengestaltung: Michael Ditter, Köln
Reproduktionen: Typografik, Köln
Druck und Bindung: Appl, Wemding

ISBN 3-8001-3401-2

INHALT

EINLEITUNG

Der Tisch ist der Platz, an dem sich Menschen zusammensetzen, um gemeinsam zu essen, zu trinken und zu reden – ein zentraler Ort der Kommunikation. Blumen auf dem Tisch verändern die Raumsituation und schaffen stets eine freundliche Atmosphäre. So wird auch der einfachste Frühstückstisch mit Blumenschmuck zu einem beschwingten, stilvollen Auftakt des Tages. Um wieviel mehr schafft es eine prächtige, ausgefallene oder witzige Dekorationsidee, die Sinne anzuregen und einen festlichen Anlass vom trivialen Alltag abzuheben! Blumen auf dem Tisch gehören zu unserer Kultur, zu den Dingen, die nicht rein funktional zu sehen sind. In ihrer Farbenpracht und dekorativen Vielfalt aktivieren sie die Sinne und sind ein Stück Lebensqualität. Nehmen Sie sich die Zeit, um kleine und große Feste mit Blumen zu gestalten und zu genießen! Das vorliegende Buch möchte Sie durch die zahlreichen, individuell abwandelbaren Floristikbeispiele dazu anregen, mit Fantasie und Freude die eigene Kreativität einzusetzen. Ihre neugewonnenen Kenntnisse erleichtern Ihnen nicht zuletzt die Auswahl der Materialien bei Ihrem Floristen.

DAS SINGLE-FRÜHSTÜCK

SONNENBLUMEN
Mit Blüten wie Sonnenstrahlen den Tag beginnen
MONO-KRÄNZE MIT KERZE
Attraktive Dauerbrenner für den Frühstückstisch

Es gibt so viele Single-Haushalte wie nie zuvor. Das betrifft Männer wie Frauen. Ob durch äußere Umstände bedingt oder frei als Lebensform gewählt – wer allein lebt, sollte es sich mindestens so gemütlich machen, als wäre er mit anderen zusammen. Eine wichtige Maßnahme, um sich wohlzufühlen, ist, den Wohnraum individuell zu gestalten. Dazu gehört selbstverständlich auch Blumenschmuck. Vor allem Blumen auf dem Tisch. Jede Mahlzeit, beim Frühstück angefangen, macht mehr Spaß, wenn dazu ein Blumenarrangement das Herz erfreut – besonders, wenn es nach eigenem Gusto selbst kreiert und gefertigt wurde!

1

SONNENBLUMEN

Mit Blüten wie Sonnenstrahlen den Tag beginnen

Es gibt Blumen, die sind einfach wie geschaffen dafür, Spaß und gute Laune zu vermitteln. Am deutlichsten wird dies bei der Sonnenblume, botanisch *Helianthus annuus.* Nicht von ungefähr ist sie von den Fans der »Love Parade« zur Kultblume erwählt worden. Mit ihrem sonnigen »Gesicht« – das man in dem flachen, von gelben Zungenblüten umrandeten Blütenstand dieses Korbblütlers zu erkennen meint – entspricht sie der ausgelassenen Fröhlichkeit der jungen »Fun«-Gesellschaft. Ihre Form ist die der typischen Blume in Kinderzeichnungen, wenn es darum geht, keine bestimmte Art, sondern einfach nur Blumen zu malen. Die Sonnenblume steht für Einfachheit, für kindliche Naivität und Unbeschwertheit. So viele positive Botschaften – das baut auf und ist genau das Richtige für eine blumige Begrüßung am Single-Frühstückstisch!

3

SIE BRAUCHEN *(Bild 1 und 2):*

- *eckiges Glasgefäß (»Aquarium«)*
- *1 große Sonnenblume*
- *Quarzsand, Tesafilm*
- *hohe Beiwerk-Formen wie »Strickgras« (Dovea mucronata), Rohrkolben, Schachtelhalm*
- *kleine, sonnenblumenähnliche Blüten (z.B. Helenium, Heliopsis, Rudbeckia)*
- *Blätter (z.B. von Seerose, Efeu, Bergenie)*
- *Beeren (z.B. Johanniskraut)*
- *Wasserlinsen («Entengrütze«)*
- *kleine Gießkanne*

Alternative (Bild 3):

- *niedriger Pokal (Glas oder Keramik)*
- *niedrige Sonnenblumensorten*
- *feine Trockenranken*
- *Schale, Trockenmaterialien*

1 + 2 Tigerente & Co. standen Pate bei diesem beeindruckenden Gesteck, das einfach herzustellen ist. Füllen Sie das Glasgefäß zu einem Drittel mit feinem Quarzsand und bis zur Hälfte mit Wasser. Glasrand trocken reiben. Aus Tesafilm ein Gitter mit 2 cm Maschenweite über die Öffnung kleben. Die Enden mit einem Längsstreifen sauber überkleben. Zuerst die hohen Materialien und die Sonnenblume gerade durch das Gitter in den Sand stecken, dann die mittleren Blumen und Beeren und zum Schluss die kurzen Blätter zum Abdecken der Klebekanten. Mit Wasser auffüllen, »Entengrütze« darauf schwimmen lassen.

3 Für eine Fülle kurzer Sonnenblumen nehmen Sie einen niedrigen Pokal. Ein Knäuel Trockenranken (oder Maschendraht) dient als Steckhilfe. Dazu passt – farblich abgestimmt – eine Schale, zum Beispiel gefüllt mit Zierkürbis, Mais und Kastanien.

Tipp Da keine Person gegenüber sitzt, kann am Single-Tisch der Blumenschmuck gut in die Höhe gestaltet werden. Das wirkt imposant! Und falls dann doch ein Frühstücksgast kommt – schieben Sie das hohe Gesteck einfach seitlich ans Tischende.

2

1

MONO-KRÄNZE MIT KERZE

Attraktive Dauerbrenner für den Frühstückstisch

Zünden Sie sich gerne eine Kerze an? Auch wenn nicht gerade ein Geburtstag oder der erste Advent oder sonst eine Festlichkeit ansteht? Dann gehören Sie wohl zu den Menschen, die gerne eine anheimelnde Atmosphäre um sich schaffen möchten, sei der Anlass auch noch so schlicht wie beispielsweise ein Frühstück. Ein simpler Single-Tisch wird mit einer Kerze gleich einen Hauch feierlicher – einfach nur so, nur für den Moment, nur für einen selbst. Blumen haben einen ähnlichen Effekt. Die ideale Kombination von Kerze und Blumen ist ein Blütenkranz, der eine Kerze umschließt und diese damit – im wahrsten Sinn des Wortes – in den Mittelpunkt stellt. Sich schon morgens so etwas Schönes gönnen, das die Sinne anregt, ist der beste Start in den Tag!

SIE BRAUCHEN *(Bild 1 und 2):*

- *Kranzunterlage aus Frischsteckschaum*
- *grüner Teller*
- *grüne Edelnelken*
- *grüne Galax-Blätter*
- *grüne Stumpenkerze*
- *Ranken vom Ballonwein*
- *grünes Zubehör wie 'Granny Smith'-Äpfel, grüngemusterte Tischdecke, Efeublättchen*

Alternative (Bild 3):

- *3–5 Kranzunterlagen in verschiedenen Größen (Metallringe, Strohkränze oder Trockensteckschaum)*
- *florale Materialien für jeden Kranz, hier Schleierkraut, Heide, künstliche Blätter, Hortensien*
- *je nach Material Heißkleber, Wickeldraht oder Drahtkrampen*
- *Becherglas*
- *Stumpenkerze*
- *evtl. Teller*

1 + 2 Legen Sie die Kranzunterlage aufs Wasser und warten Sie, bis sie sich von allein vollgesogen hat. Legen Sie den nassen Ring dann in eine Schale oder einen tiefen Teller, der mindestens 10 cm größer ist als der Steckschaumring. An der Außenseite des Ringes eine Reihe *Galax*-Blätter leicht überlappend stecken. Die Nelken mit etwa 5 cm Stiel dicht von außen nach innen stecken, dabei den Ansatz der Blätter überdecken. Die Stumpenkerze sollte dünner sein als die Öffnung der Steckunterlage, damit die Nelkenköpfe innen noch Platz finden. Ballonwein-Ranken komplettieren den »Traum in Grün«. Regelmäßig Wasser auffüllen und ab und zu mit Wasser einsprühen, dann hält der Kranz etwa 2 Wochen frisch.

2

3 Die Solitär-Kerze wird doppelt betont, wenn sie nicht nur im Zentrum steht, sondern auch noch erhöht wird. Für einen solchen Turm fertigen Sie 3, 4 oder 5 Mono-Kränze, also jeweils aus einem einzigen Material. In unserem Vorschlag sind es Schleierkraut, Heide, Blätter und Hortensien. Meist gibt es mehrere Möglichkeiten, mit welcher Technik und auf welche Unterlage das Material gearbeitet werden kann.
Drahten Sie kleine Schleierkraut-Tuffs an, stecken diese auf einen Ring aus Trockensteckschaum oder binden sie mit Wickeldraht auf Stroh. Heide und Hortensien können ebenfalls auf einen Strohkranz gewickelt werden. Für dünnere Kränze sind Metallringe besser. Die künstlichen Blätter sind am einfachsten mit Drahtkrampen oder mit Heißkleber auf Stroh oder Trockensteckschaum zu befestigen. Die fertigen Kränze der Größe nach aufeinander legen. Ein umgestülptes Becherglas oder ein Stück Trockensteckschaum als Untersatz für die Kerze verschwindet im Innern des Kranzturms.
Achtung: Bei Trockenmaterialien darf die Kerze nicht tief herunter brennen. Immer auf Nummer sicher gehen! Lieber eine hohe, dicke Stumpenkerze mit langer Brenndauer nehmen und rechtzeitig auswechseln, bevor die Flamme zu nah an die Trockenblumen herankommt. Das gleiche gilt für Schleifenband und andere brennbare Accessoires.

3

EIN TISCH FÜR ZWEI

TRAUTES TETE-A-TETE
Blumige Zeichen und Symbole für zärtliche Augenblicke
ICH LAD' DIE OMI ZU MIR EIN
Jung und Alt, Klassiker und Modernes, mit Blumen harmonisch vereint

Je weniger Personen versammelt sind, desto individueller und intimer kann die Tischgestaltung sein. Gleich nach der Dekoration für das eigene Vergnügen kommt die Dekoration, die man sich für das Zusammensein mit einer zweiten Person ausdenkt. Eigenheiten des Gastes dürfen sich hier widerspiegeln, etwa die Lieblingsfarben, die Lieblingsblumen oder der bevorzugte Gestaltungsstil, zum Beispiel klassisch-üppig, ländlich-romantisch oder modern-reduziert. Aber auch gemeinsame Erinnerungen oder das Verhältnis zueinander können in der Tischgestaltung mit blumigen Zeichen, Symbolen und Accessoires ausgedrückt werden.

TRAUTES TETE-A-TETE

Blumige Zeichen und Symbole für zärtliche Augenblicke

Wenn zwei sich treffen, ist oft Liebe im Spiel. Für ein Candlelight-Dinner mit eindeutiger Botschaft bieten sich altbekannte Zeichen und Symbole an. Die Herzform gehört auf jeden Fall dazu. Als Tischblumenschuck fürs Rendezvous lässt sie sich schon mit wenigen Mitteln in stets neuen Varianten darstellen – immer wieder zur Überraschung und Freude des geliebten Menschen. Ein anderes Zeichen der innigen Verbundenheit ist der Blütenbogen. Ausgeschmückt mit Rosen, Herzchen und zarten Bändern eignet sich diese festliche Dekoration für alle bedeutenden Liebesanlässe, vom Heiratsantrag oder der intimen Verlobung bis zum diamantenen Hochzeitsjubiläum. Zusätzliche Symbole, zum Beispiel zwei goldene Ringe, können je nach Anlass eingearbeitet werden.

2

SIE BRAUCHEN *(Bild 1):*

- *20 Teelichtbecher, 5–6 Teelichte*
- *rote Blumen wie Rosen, Dahlien, Zinnien und Hypericum-Beeren*
- *Ackerwinde*
- *herzige Accessoires, Myrtenkränzchen, Erdbeere (frisch oder künstlich)*
- *roter Wickeldraht*

Alternative (Bild 2 und 3):

- *2 Keramiktöpfe, Joghurtbecher, Gips*
- *1–2 Stücke Spanndraht à 1 m, 2–3 mm stark, Papierdraht*
- *10 Glasröhrchen*
- *Ackerwinde, Efeu, Ballonwein*
- *Blumen in Rosa/Rot (Rosen, Zinnien, Hahnenkamm-Celosien, Lisianthus, Samenstände vom Sauerampfer)*
- *Schmuckband mit Drahtkante*
- *2 Glasherzen*
- *Plastik-Spritzflasche*

1 Das Herz ist eine Sache von 5 Minuten! Legen Sie glatte Ranken der Ackerwinde in Herzform auf den Tisch und wickeln Sie die Enden mit etwas rotem Wickeldraht zusammen. Stellen Sie die Glasbecher entlang der herzförmigen Linie auf und füllen Sie sie abwechselnd mit Teelichten und kurzen, roten Blumen (in Wasser).

2 + 3 Der festliche Blütenbogen erfordert etwas Vorarbeit: Den Spanndraht überm Knie bogenförmig biegen. In einem Eimer Gips anrühren, 2 große Jogurtbecher damit füllen und die Spanndrahtenden hineindrücken. Den Bogen gerade halten, bis der Gips nach ein paar Minuten fest wird. Am besten über Nacht aushärten lassen. Die Plastikeinsätze in die Keramiktöpfe stellen. Dieses Grundmodell kann nun floral gestaltet werden. Dazu die verschiedenen Ranken locker um den Drahtbogen wickeln, falls nötig mit Papierdraht hier und da anknoten. Glasröhrchen so zwischen die Ranken schieben und einklemmen, dass die eingesteckten Blüten zur Bogenmitte weisen. Mit der Spritzflasche Wasser einfüllen. Transparentes Band um den Bogen schlingen und am Ende mit Herzchen verzieren. Verwenden Sie Blumen nach Belieben. Es sollten nur keine Rosen mit zu großen, schweren Blüten sein (maximal mittlere Rosengröße).

3

ICH LAD' DIE OMI ZU MIR EIN

Jung und Alt, Klassiker und Modernes, mit Blumen harmonisch vereint

Die Enkelin 15, die Oma 65 – trotz (oder gerade wegen) des Altersunterschieds verstehen sich diese beiden Generationen oft besonders gut. Und weil die Oma gerne Kaffee trinkt oder auch Tee, bietet sich mit einer Einladung die beste Gelegenheit für ein gemütliches Plauderstündchen unter vier Augen. Da lässt die Enkelin sich schon etwas besonderes einfallen: Omas Lieblingsblumen, Röschen mit Schleierkraut, finden sich einmal im gewohnten runden Strauß und andererseits – witzige Idee – einlaminiert in Folienstreifen, die den rechteckigen Tisch in schmale Längszonen teilt. Oder zu dem guten blauweißen Porzellanservice aus Mutters Wohnzimmerschrank wird ein Pflanzkörbchen in zarten Pastelltönen kombiniert – klassisch einerseits, aber unkonventionell auf dem runden Tisch arrangiert.

SIE BRAUCHEN *(Bild 1 und 2):*

- *Laminiergerät und Laminierfolie*
- *Büro-Tacker (Heftzange)*
- *pinkrosa Rosen, Schleierkraut, Margeriten*
- *bauchige Vase oder Topf*

Alternative (Bild 3):

- *länglicher Weidenkorb, weiß lasiert*
- *Folie*
- *helle Trockenranken*
- *Pflanzen im Topf: rosa Mini-Alpenveilchen, rosa Heide, Lavendel, weißgrüner Efeu*
- *als Accessoires: Zierkürbisse und Organzabänder*

1 + 2 Wenn man in eine bauchige Vase zunächst viel Schleierkraut einstellt, finden weitere Blumen wie Rosen und Margeriten genügend Halt darin. Passend zu diesem Sträußchen lassen sich Laub- und Blütenblätter der Rose sowie kleine Stücke Schleierkraut zwischen zwei Laminierfolien einschweißen. Aus einem DIN-A4-Bogen können je nach gewünschter Breite 2 oder 3 Streifen geschnitten und in Tischlänge zusammengetackert werden. Die dickeren Margeritenköpfe streut man besser lose über die Laminatbänder. Eine spannende Kombination von altmodischem Charme und neumodischem Pep!

3 Ein runder Tisch, nur für zwei Personen, bietet viel Platz für Blumenschmuck. Dafür die Pflanzen mit Topf in den mit Folie ausgekleideten Korb stellen, Trockenranken dazwischen stecken, Zierkürbisse einbetten. Wichtig: Die Verbindung zwischen Korb und rundem Tisch stellen die auslaufenden Ranken und Organza-Schmuckbänder dar, die die beiden Gedecke wie mit Armen zu umfassen scheinen.

Tipp Eine Blume mit Draht auf einen Papierserviettentuff gewickelt, ergibt einen hübschen Gedeckschmuck.

2

HERZLI

DER EHRENGAST

DER JUBILAR – ER LEBE HOCH

Der Anlass zum Feiern, durch die Blume ausgedrückt

GEDECKSCHMUCK ZUR BEGRÜSSUNG

Blumen und Sprüche für die Hauptperson am Festtagstisch

Oft ist der Grund für eine Feier im privaten Kreis mit einer bestimmten Person verknüpft: das Geburtstagskind oder ein Jubilar, ein Freund, der nach langer Zeit zurückgekehrt ist oder die frischgebackene Inhaberin eines Führerscheins. Kleine und große Anlässe erhalten mit einer Blumendekoration ihren würdigen Rahmen. Der Platz des Ehrengastes sollte dabei besonders hervorgehoben werden. So ist für alle erkennbar: Hier sitzt die Hauptperson. Damit aber auch deutlich wird, dass der Ehrengast in die Gemeinschaft integriert ist, sollte der Gedeckschmuck optisch mit der Tischdekoration eine Einheit bilden.

DER JUBILAR – ER LEBE HOCH

Der Anlass zum Feiern, durch die Blume ausgedrückt

Der häufigste Jubelanlass ist wohl der Geburtstag. Der betrifft uns alle. »Runde« Zahlen werden gerne besonders groß gefeiert. Aber auch andere Jubiläen wollen beachtet werden: eine langjährige Mitgliedschaft in einem Verein etwa oder der zehnte, zwanzigste, fünfzigste Hochzeitstag. Die entsprechende Zahl macht den Anlass der Feier für die Eingeweihten deutlich. Solche Zahlen lassen sich wunderbar aus blumigen Zutaten fertigen und auf dem Festtagstisch platzieren. Außer Zahlen können natürlich auch Buchstaben, Initialen oder ganze Namen aus Blumen geformt werden, etwa zum Namenstag oder für eine besondere, individuelle Leistung. Ganz allgemein steht natürlich auch der klassische (Blätter-)Kranz als Zeichen der Ehrung und Hochachtung im floralen Repertoire zur Verfügung.

SIE BRAUCHEN *(Bild 1 und 2):*

- *2 Keramiktöpfe*
- *1 Ziegel Trockensteckschaum*
- *gebleichte Sisalfaser*
- *ca. 10 Stück Floristen-Steckdraht (16er, 18er)*
- *Wickeldraht, Myrtendraht in Gold*
- *kleine Floralien (hier Rosenblütenblätter, Hypericum-Beeren, kleinblättriges Efeu, grüner Fuchsschwanz)*

Alternative (Bild 3):

- *Kärtchen-Klemmhalter*
- *1 Steckdraht, Buchsbaum-Spitzen, Flowerhair in Silber*
- *Organzaband, Perle*

1 + 2 Mehrere Steckdrähte zu einem etwa 60 cm langen groben Strang verdrehen, mit Sisal ummanteln und mit Golddraht fest umwickeln. Daraus dann eine »5« biegen. In gleicher Weise die »0« fertigen sowie je ein bis zwei gerade Stücke als »Beine«, die an den Zahlen mit Draht befestigt werden. Beeren und gerollte Rosenblütenblätter auf Golddraht fädeln und damit andere Floralien wie Fuchsschwanz und Efeuranken auf die Zahlen wickeln. Trockensteckschaum in die Töpfe klemmen, Zahlen einstecken, mit Sisalfaser abdecken.

3 Klein aber fein: Für das klassische Kränzchen am Gedeck des Ehrengastes Buchsbaumzweigspitzen mit Silberdraht auf einen dünnen Drahtring wickeln. Silbernes Flowerhair, ein feines Drahtgespinst, sorgt dazwischen für Glitzereffekte. Das Kränzchen senkrecht auf einen Kartenhalter klemmen, unten ein Stück Organzaband anknoten und eine Perle mit Silberdraht anbinden oder mit Heißkleber befestigen. Kleine Büschel Schleierkraut können lose dazu gestreut werden. Sie ergänzen die strenge Form um eine liebliche Note.

Tipp Lineare Formbindereien wie Kränzchen, Zahlen, Herzen, Rahmen brauchen eine Unterlage, auf die Blumen und Blätter mit Draht gewickelt werden. Falls es keine passende zu kaufen gibt – kein Problem. Aus einfachem, preiswertem Steckdraht lässt sich jedes beliebige Motiv in jeder Größe formen!

2

GEDECKSCHMUCK ZUR BEGRÜSSUNG

Blumen und Sprüche für die Hauptperson am Festtagstisch

Der Platz des Ehrengastes kann durch vielerlei Arten von Blumenschmuck dekoriert werden – vom einfachen, gestreuten Tellerblümchen bis zum raffinierten Serviettenschmuck, von der großzügigen Gedeckgirlande bis zum blumig umrahmten Glückwunsch oder Begrüßungsspruch. Wichtig ist in jedem Fall das Verhältnis von diesem Platzschmuck zur übrigen Dekoration auf dem Tisch. Es empfiehlt sich, die verschiedenen Elemente immer wie aus einem Guss erscheinen zu lassen. Blumen, Farben, Macharten, Formen sollten sich wiederholen. Ein einfaches Beispiel: Eine mittig verlaufende Girlande mit rosa Rosen ziert eine lange Tafel. Die gleichen Rosen finden sich als lose Blüten auf allen Tellern, der Ehrenplatz ist zusätzlich mit einer Minigirlande gleichen Stils um das Platzdeckchen geschmückt.

SIE BRAUCHEN *(Bild 1 und 2):*

- *feines Grün wie Zierspargel (z.B. Asparagus retrofractus)*
- *Kleinblütiges wie Schleierkraut und Mini-Röschen*
- *Rosenblütenbätter*
- *Steckdraht, Myrtendraht*

Alternative (Bild 3):

- *Pappe, Schere, Papier, Kleber, Goldstift*
- *silberner Wickeldraht*
- *kleine Pflanzenteile wie Efeuranken, Hypericum-Beeren, Rosenblütenblätter, Hortensienblüten, Fuchsschwanz und Heide*

1 + 2 Aus zierlichem Grün und Myrtendraht eine Girlande wickeln, nur aus den schmalen Trieben oder auf Steckdraht als Unterlage. Besonders eignen sich dafür verschiedene Zierspargelarten mit ihren feinen Nadelblättchen. Um ein Tischset ganz zu umrunden, braucht man etwa 140 cm Girlande, am Stück oder entsprechend vier lose Teile. Röschen und Schleierkrautspitzen werden einfach in die Girlande gesteckt und dazu gelegt. Gestreute Rosenblütenblätter unterstützen den heiteren Charakter der Dekoration.

3 Aus Pappe ein bogenförmiges Schild ausschneiden, mit farbigem Papier bekleben und mit einem Spruch beschriften. Für die florale Umrandung Efeuranken und auf Silberdraht gefädelte Blüten und Beeren umeinander schlingen. Einen größeren Bogen formen und außen um das Schild legen, einen kleineren innen, und die Enden wieder miteinader verdrehen. Flach hinlegen oder schräg anheben (z.B. gegen ein Efeutöpfchen gelehnt). Falls nötig, die Umrandung an der Rückseite des Schildes an einigen Stellen mit Tesafilm festkleben.

2

DIE FESTLICHE FAMILIENTAFEL

TISCHFRIES MIT LAMPIONS
Kräftige Farben für die fröhliche Tafelgemeinschaft

STIELGLAS-PARADE
Transparenz und Eleganz in luftiger Höhe

FLORALE TISCHBÄNDER
Fantasievolle Bandvariationen für den runden Tisch

In dieser Kategorie der Tischdekorationen geht es um solche Anlässe, die viele Personen, jedenfalls mehr als vier oder fünf zu einem Essen zusammenbringen. Meistens handelt es sich dabei um familiäre Zusammenkünfte. Aber was für die Familientafel gilt, ist selbstverständlich auch auf Feste im Freundeskreis übertragbar. Schließlich hat der Blumenschmuck hier mehr mit der Größe und der Form des Tisches oder der Tafel zu tun als mit dem Grund der Feier. Ein Fries aus Lampionblumen beispielsweise ist für ein großes Familientreffen ebenso geeignet wie für eine Gartenparty mit Nachbarn und Freunden oder – mit zusätzlichen Accessoires – für einen fröhlichen Kindergeburtstag im Herbst.

Lisa
Ale

TISCHFRIES MIT LAMPIONS

Kräftige Farben für die fröhliche Tafelgemeinschaft

Eine lange Tafel kann durch einen entsprechenden Blumenschmuck besonders betont werden. Zum einen eignen sich geradlinige Aufreihungen, etwa mit Töpfchen, Vasen, Accessoires, zum anderen alle Arten von Tischfriesen und bandartigem Blumenschmuck, der die Längsrichtung der Tafel nachzeichnet. Besonders eindrucksvoll sind Friese, die hauptsächlich aus einem einzigen floralen Material bestehen, das durch die massenhafte Verwendung in seiner Wirkung gesteigert wird. Ein gutes Beispiel sind die blasenartigen Samenhüllen der Lampionblume, kurz Lampions genannt. Ihr leuchtendes, energiesprühendes Orange wird in dem flächigen Friesschmuck zum Farbrausch. Die lustigen Laternchen machen zudem auch »solo« eine gute Figur, zum Beispiel als Serviettenschmuck oder als Alternative zu Tischkärtchen.

1

SIE BRAUCHEN *(Bild 1 und 2):*

- *Fruchtstände der Lampionblumen, frisch oder trocken*
- *Pappe, Paketklebeband*
- *große, orange gefärbte Trockenblätter*
- *Ranken von Ballonwein (Platycodon) und Waldrebe (Clematis)*
- *Heißkleber*
- *Kartenhalter, Filzstift*

Alternative (Bild 3):

- *2 Keramiktöpfe*
- *Trockensteckschaum*
- *Weidenzweige (wahlweise Bambusstangen)*
- *Papierdraht (Rebdraht)*
- *goldener Myrtendraht*

1 + 2 Aus Pappe etwa 20 cm breite Streifen schneiden und entsprechend der Tischlänge zusammenkleben. Diese Unterlage mit orangefarbenen Trockenblättern überlappend bekleben, damit später nicht die bloße Pappe zwischen den Lampions zu sehen ist. Dann die Lampions dicht an dicht darauf kleben. Einige fruchttragende, entblätterte Ranken von Ballonwein und Clematis dazwischen gesteckt, überspielen die strenge, klare Bandform. Und was würde als »Namensschildchen« besser dazu passen als ein beschrifteter Lampion! Übrigens: Blautöne auf der Tafel verstärken die Leuchtkraft des Orange.

3 Die Alternative zu dem flachen Schmuck sind hoch aufgehängte Lampions. Dafür ein Gerüst bauen: Trockensteckschaum in die Töpfe klemmen, Stäbe hinein stecken und die 60 bis 70 cm langen Querstäbe mit Papierdraht fest daran knoten. Je zwei Lampions an die Enden eines Golddrahts wickeln und über die Stäbe hängen. Mehrere dieser Module hintereinander gestellt ergeben eine interessante Aufreihung für eine lange Tafel. Die Lampions hängen wie auf einer Wäscheleine über Kopfhöhe der Tischgäste, so dass die Sicht zum Gegenüber nicht behindert wird. Der rustikale Schmuck passt besonders gut nach draußen.

2
Lisa

1

STIELGLAS-PARADE

Transparenz und Eleganz in luftiger Höhe

Niedrig gehaltener Blumenschmuck für eine Tafel setzt der Kreativität kaum Grenzen. Für das Pendant – die Dekoration, die über Kopfhöhe der Tischgäste arrangiert werden soll – muss allerdings immer eine entsprechende Konstruktion vorhanden sein, die den Blumenschmuck trägt. In den seltensten Fällen gibt es eine Vorrichtung, an der eine Blumendekoration über dem Tisch von der Decke herab hängen kann. Realistischer sind da schon schmale Gerüste, die man aus Stäben und Zweigen selbst fertigen kann, filigrane Metallständer, die man sich schweißen lässt, oder aber die extrem hohen Stielgläser, die es speziell für diese Art Tischdekoration zu kaufen gibt. Der dünne Stiel fällt kaum auf, und die Transparenz des Glases lässt den festlichen Blumenschmuck noch leichter und eleganter wirken.

2

2 + 3 Anstelle einer gleichmäßigen Reihe von hohen Stielgläsern können auch abwechselnd verschiedene Gefäße kombiniert werden. Niedrige Pokale und flache Schalen werden einfach mit Flowerhair und Wasser gefüllt und einige kurzgeschnittene Blüten und Ranken hinein gelegt. Es kommt darauf an, dass die Gestecke nicht das Blickfeld der sitzenden Personen beeinträchtigen. Also niedrige Gestecke bis maximal 30 cm arbeiten, hohe brauchen eine Mindesthöhe von 60 cm. Einige dünne Ranken als beschwingte Verbindungslinien sind aber erlaubt, solange sie sparsam verwendet werden. Probieren Sie es an mehreren Plätzen am Tisch aus: Abstand zwischen den hohen Gläsern 60 bis 80 cm (das entspricht etwa dem Platzbedarf eines Gastes), und alles was an Blumen und Ranken Ihre Sicht stört, nehmen Sie fort oder kürzen Sie ein.

SIE BRAUCHEN *(Bild 1):*

- *Stielgläser, ca. 60 cm hoch*
- *silbernes Flowerhair*
- *leichte Schnittblumen in Weiß, Grün, Rosa (hier kleine Rosen, Lisianthus, Kosmeen, Wilde Möhre, Jungfer im Grünen)*
- *Schleierblätter*
- *Ranken der Passionsblume*

Alternative (Bild 2 und 3):

- *zusätzlich Schalen*
- *leichte Schnittblumen, Blätter und Ranken in Pink*

1 Sind die Stielgläser aus Klarglas, also durchsichtig, kann man unmöglich Steckschaum als Steckhilfe nehmen. Für zarte Blüten ohne großes Gewicht ist die beste Technik, simpel und elegant zugleich, das Stecken in ein Knäuel aus Flowerhair. Das Glitzern passt gut zur Transparenz von Glas und Wasser. Stimmen Sie warme Blumenfarben auf goldenes oder kupfernes Drahtgespinst ab. Kühle Farben harmonieren mit Silber.

Tipp Stielgläser können Sie in guten Floristikgeschäften bekommen oder bestellen. Sie sind nicht ganz billig, aber dafür ausgesprochen vielseitig und immer wieder zu verwenden. Außerdem sind sie sehr einfach in Handhabung und Pflege, und es gibt kaum ein stilvolleres Steckgefäß für festliche, hohe Tischdekorationen.

3

FLORALE TISCHBÄNDER

Fantasievolle Bandvariationen für den runden Tisch

Ist die Festtafel nicht lang, sondern rund, muss sich auch der Blumenschuck formal anpassen. Die klassische Art, einen runden Tisch zu dekorieren, ist die auf den Mittelpunkt bezogene, radial-symmetrische Gestaltung. Ein zentrales Gesteck oder ein Strauß bildet dabei das Hauptelement, strahlenförmig angeordnete Linien, beispielsweise Ranken oder Bänder, verbinden die Mitte des Tisches mit den Gedecken am Rand. Gestalterisch macht eine solche Kombination natürlich nur Sinn, wenn sich formale und farbliche Aspekte in allen Elementen wiederholen und so eine harmonische Einheit schaffen. Wird die altbewährte Symmetrie auch beibehalten, kann doch im Detail mit modernen Materialien, Farben und Techniken experimentiert werden. Was für ein weites, spannendes Versuchsfeld!

SIE BRAUCHEN *(Bild 1):*

- *bauchige Vase*
- *kurzstielige Blumen in Creme, Orange, Grün (hier z.B. Rosen, Astilben, Lilien, Efeu, Hypericum-Beeren)*
- *Organzaband*

Alternative (Bild 2):
(von links nach rechts)

- *a) Schleierblätter, Schleierkraut, Perle, Silberdraht*
- *b) »Moneta-Blätter« in Orange, Ähren, Hagebutten, Trockenranken, Golddraht*
- *c) rote »Mikado-Stäbe«, Bast in Orange, kariertes Schmuckband , kupferner Myrtendraht, Hypericum-Beeren*
- *d) silbergraue Schmuckbänder in 3 Breiten, silbernes Flowerhair*
- *e) Organza- und Spitzenband, Glanzkordel, Efeuranke, Golddraht*
- *Heißkleber*

1 Einen runden Tisch je nach Größe für 6, 8 oder 10 Personen eindecken. Sternförmig Linien aus Efeublättchen legen und diese mit breitem, transparentem Organzaband überdecken, so dass sie hindurchschimmern. Die Bandenden über die Tischkante auslaufen lassen. Auf den Schnittpunkt der Linien in der Mitte des Tisches eine bauchige Vase platzieren, in die kurze Blumen gleichmäßig lose eingestellt sind. Mit genügend kleinteiligem Beiwerk hält die Kuppelform ohne Steckhilfe. Tischwäsche, Blumen und Band sollten farblich fein aufeinander abgestimmt werden.

2 Für das Band links Schleierblätter schuppenartig übereinander kleben. Den Abschluss bildet ein mit Silberdraht abgewickeltes Bündchen Schleierkraut mit einer Deko-Perle. Schleierkrautspitzen über das Band streuen.
Das Band daneben besteht aus einer Schichtung trockener »Moneta-Blätter«. Früchte und Ranken sind aufgeklebt. Als Abschluss Ähren mit Golddraht bündeln und daran hängen.
Mitte: Parallel liegende »Mikado-Stäbe« werden mit Bast an mehreren Stellen in Webtechnik verbunden (3 Reihen genügen), Karoband-Fransen ankleben. An den Enden Beeren mit Kupferdraht befestigen.
Drei silbergraue Bänder, übereinander gelegt, ergeben die Grundlage für einen coolen Bandschmuck mit Flowerhair, aus dem auch der daran gewickelte Ring besteht.
Ganz rechts: Bänder, Kordeln und Efeuranken locker zopfartig miteinander verflechten. Die Enden mit Golddraht zusammenfassen und mit einem Herz aus Golddraht (in der Hand wie ein Wollknäuel in Form gewickelt) verzieren.

Tipp Alle floralen Tischbänder können bei Bedarf auf eine Unterlage aus Papier oder Pappe oder direkt auf Paketklebeband geklebt werden – bei gefärbten Materialien ein Muss zum Schutz der Tischdecke.

2

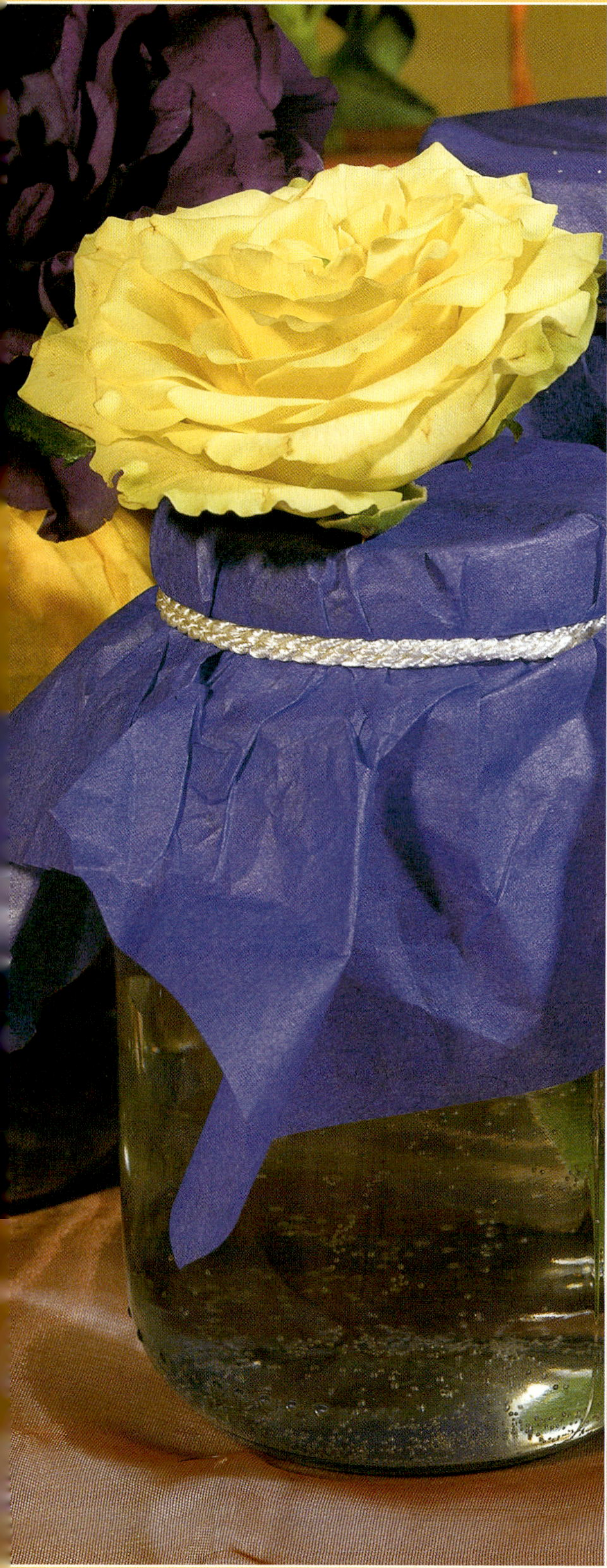

TISCHE FÜR JUNGE LEUTE

SOMMERSPASS IM MARMELADENGLAS
Einfachste Alltagsdinge werden zu witzigen Kreationen
BEACH-PARTY DER BESONDEREN ART
Erlebnis-Tische für experimentierfreudige Gestalter

Wer hat Mut zum Ausgefallenen? Kinder kennen noch keine Konventionen und gehen viel unvoreingenommener mit den Dingen um als Erwachsene. Laut und fröhlich ist ihre Farbsprache. Jugendlichen ist der Drang eigen, Neues auszuprobieren, zu experimentieren und manchmal auch zu provozieren. Ebenso erfrischend und unkonventionell sind diese Dekorationsideen für junge Leute und Junggebliebene. Schütteln Sie doch einmal den Erinnerungs-Mix dieser frühen Eigenschaften kräftig durch und würzen ihn mit Ihrer Erfahrung und Fantasie: Sie werden völlig andere Möglichkeiten entdecken, Tische zu gestalten.

SOMMERSPASS IM MARMELADENGLAS

Einfachste Alltagsdinge werden zu witzigen Kreationen

Kunterbunt – nicht nur für Kids! Ob für Kindergeburtstag oder Studentenfete, Gartenparty oder Erntefest, die Marmeladengläser sind ein Hit und unschlagbar, wenn eine schnelle, preiswerte und witzige Tischdekoration gefragt ist. Einfach ein, zwei Blumen durch die Papierhaube gesteckt – fertig. Ein Spaß für Jung und Alt. Und mit jedem neuen Glas erweitern sich die Dekorationsmöglichkeiten: ein Blümchen an jedem Platz oder die Gläser in einer Reihe auf einer langen Kaffeetafel oder als bunte Gruppe am Tischende zusammengestellt. Ähnlich funktionieren übrigens auch Gräser, Ähren oder trockene Kräuter, die um ein Wasserröhrchen herum gebündelt sind, als Alternative zu konventionellen Blumenvasen. Die Palette lässt sich gewiss noch erweitern ...

SIE BRAUCHEN *(Bild 1 und 2):*

- *Marmeladengläser in verschiedenen Größen*
- *farbige Papiere (oder Stoffe)*
- *farbiger Bast, Kordel, Schere*
- *bunt gemischte Blumen (hier Sonnenblume, Freesie, Purpurskabiose, Rose, Lisianthus, Gerbera, Löwenmäulchen, Astilbe, dazu Beeren und Rispenhirse)*

Alternative (Bild 3):

- *farbige Bechergläser*
- *Kräuterbündel, z.B. aus Lavendelblüten, Lavendellaub, grüner Thymian, weißgrüner Zitronenthymian, Hafer, Rosmarin*
- *Glasröhrchen oder Plastik-Orchideenröhrchen*
- *farbiger Bast*
- *Blumen wie oben*

1 + 2 In den meisten Haushalten sind ohnehin mehr leere Konservengläser zu finden, als normalerweise gebraucht werden (etwa zur Aufbewahrung von Farbresten oder für die nächste Marmeladensaison). Die gespülten Gläser mit Wasser füllen, Rand trocknen. Hauben aus Papier oder Stoff darüber legen, mit Bast, Kordel oder Bändchen festzurren. In die Mitte ein kleines Loch stechen oder schneiden. Die frisch angeschnittenen Blumenstiele, mal kürzer, mal länger, gerade oder schräg durch die Löcher stecken (einen pro Glas), manchmal ein Blatt oder Gras dazu. Dann arrangieren, wie es gefällt: aufgereiht als Tischfries oder als bunte Gruppe.

3 Legen Sie Kräuter wie ein Bündel um ein Wasserröhrchen aus Glas oder Plastik. Das Bündel mit Bast schnüren und in ein Becherglas stellen (kleine Bündel in Teelichtbecher, größere in Trinkbecher). Röhrchen mit Spritzflasche füllen, Blumen hineinstellen.

Tipp Ein besonderer Spaß und eine Überraschung dazu: Bitten Sie alle Gäste in der Einladung, eine einzelne, kleine Blume mitzubringen. Die entsprechende Anzahl »Vasen« halten Sie natürlich bei der Party bereit. So entsteht die Dekoration zusammen mit den Gästen.

2

BEACH-PARTY DER BESONDEREN ART

Erlebnis-Tische für experimentierfreudige Gestalter

Hier die Gestaltungsideen für Sandkastenfreunde – und alle, die sich noch gerne erinnern! Dabei geht es nicht um einen Tischschmuck im üblichen Sinn, wo ein vorhandener Tisch mit Blumen und Accessoires dekoriert wird. Hier wird gleich der ganze Tisch konstruiert – ein Kasten, den man vielfältig füllen kann, teilweise abgedeckt von einer Glasplatte, die als eigentliche Tischplatte dient. Durch sie hindurch sieht man auf den gestalteten Untergrund, daneben können Pflanzen und verschiedene andere Dinge aufragen. So ein Kasten kann sich in die erstaunlichsten Tischobjekte verwandeln und Ihre Gäste immer wieder aufs Neue verblüffen – Tische mit Geschichten, von Sand oder Wasser. Wer hier zusammensitzt, hat sich ganz sicher etwas zu erzählen!

Tipps Den Kastentisch auf einer stabilen Unterlage platzieren, die die gewünschte Höhe hat (z.B. auf Holzkisten) und an Ort und Stelle dekorieren, er wird sonst zu schwer für den Transport.
Mit Glasplatten in verschiedenen Formaten, erweitern Sie die Deko-Varianten erheblich.

SIE BRAUCHEN *(Bild 1 und 2):*

- *Holzkasten (ca. 1 x 1 m, 10 cm hoch)*
- *dünne Teichfolie zum Auskleiden, Tacker*
- *Glasplatte, schmaler als der Kasten*
- *feiner Quarzsand*
- *Plastikbecher in knalligen Farben*
- *Blumen in ähnlichen Farben (hier: Gerbera, Enzian, Phlox, Chrysanthemen, Rosen, Sonnenblumen)*
- *als bunte Accessoires: Teller, Trinkhalme, Süßigkeiten, Obst*

Alternative (Bild 3):

- *Kasten, Folie, Glasplatte wie oben*
- *evtl. 4 transparente Becher als »Füße«*
- *Gießkanne*
- *Wasserpflanzen wie Wassersalat, Wasserhyazinthe, Wasserlinsen*
- *Bambuspflanzen (oder Zypergras)*
- *Bambusrohre, Steine*
- *rote Gerbera*
- *asiatische Accessoires wie rote Lackteller und Essstäbchen*

1 + 2 Mit handwerklichem Geschick kann man den stabilen Holzkasten selbst bauen, ansonsten lässt man ihn vom Schreiner oder einem begabten Bastler in der Familie fertigen. Dem Aufwand steht der unbegrenzte Nutzen gegenüber. Die Basis besteht aus dem Kasten (Holz oder Tischlerplatte), sauber ausgeschlagen mit Teichfolie (elastisch und stabil), und einer geschliffenen Glasplatte (schmaler als der Tisch). Für die »Sandkasten-Version« wird feiner Quarzsand eingefüllt. An zwei Seiten werden farbige Plastikbecher aufgereiht, einige mit Wasser und kurzen Blumen gefüllt, andere mit Knabberzeug. In der Mitte kommt die Glasplatte darüber, als eigentliche Tischfläche.

3 Für die »Teich-Version« mit asiatischem Touch platzieren Sie seitlich höhere Bambuspflanzen (Erde vorher abspülen, Pflanze mit Steinen fixieren). Dann füllen Sie mit der Gießkanne vorsichtig Wasser ein und lassen Teichpflanzen, Bambusrohre und Gerbera-Blütenköpfe darauf schwimmen. Die Glasplatte liegt auf Glasbechern auf.

2

DIE THEMEN-PARTY

KÜRBISFEST UND HALLOWEEN
Kinderleichte Ideen mit der prächtigsten Frucht des Herbstes
DER BLAUE SALON
Durch Blumenarrangements einer Farbe auf der Spur

Eine Themenparty ist die verfeinerte Form des Feierns an sich, ein Rausch für die Sinne, der den trivialen Alltag vergessen machen soll. Ein interessantes Motto zu finden und praktisch umzusetzen, ist eine Herausforderung für den Gastgeber. Die Jahreszeiten bieten sich an (»Frühlingsfest«) oder andere Länder und Kulturen (»Italienische Nacht«) oder frühere Epochen (»Rokoko-Kostümball«). Ein anspruchsvolles Unterfangen, alle sinnanregenden Elemente wie Speisen, Musik, Raumgestaltung, Duft und Blumen in einen feierlichen Zusammenhang zu bringen – und auch ein zündender Anlass für die Gäste, ihre eigene Kreativität zu beweisen.

1

KÜRBISFEST UND HALLOWEEN

Kinderleichte Ideen mit der prächtigsten Frucht des Herbstes

Kürbisse stehen für Herbst, für die Zeit reicher Ernte. Ungemein dekorativ und vielgestaltig, fehlen sie auf keinem Erntedankfest. In den letzten Jahren entwickelte sich die Beliebtheit zum Boom. Kürbisaktionen und Kürbismärkte entstehen allerorten. Nicht zu vergessen ist das Halloween-Fest am 31. Oktober. Halloween ist eine Kurzform von »All hallows evening«, was soviel wie »Abend vor Allerheiligen« heißt. Diese Tradition kam aus Amerika und kennt als wichtigste Zeichen Gespenster, Monster und die kunstvoll geschnitzten Kürbisfratzen. Doch ob nun Kürbisse mit oder ohne Grusel – sie eignen sich vorzüglich als Begleiter für herbstliche Blumenarrangements. Man kann sie einfach als farbenfrohe Fruchtformen, aber auch gleichzeitig als Steckgefäß einsetzen.

SIE BRAUCHEN *(Bild 1 und 2):*

- *1 Riesenkürbis, kleinere Kürbisse*
- *Messer, Löffel*
- *Frischsteckschaum*
- *Blumen in Gelb, Orange, Rot (hier: Sonnenblume, Dahlien, Fuchsschwanz, Rosen, Hortensien)*
- *Beiwerk wie Bergenienblätter, Rispenhirse, Maiskolben, Beeren und Trockenranken*

Alternative (Bild 3):

- *kleine Zierkürbisse*
- *Apfelausstecher oder Messer*
- *Glasröhrchen, Plastik-Spritzflasche*
- *Blumen wie oben*
- *Halloween-Accessoires wie Gespenster, Kürbislaternen und Fledermäuse*

1 + 2 Von einem großen Speisekürbis einen Deckel abschneiden und das Fruchtfleisch herausschälen (für ein herzhaftes Süppchen). In den ausgehöhlten Kürbis Frischsteckschaum klemmen, Herbst- und Spätsommerblumen, Beeren und Gräser flach hineinstecken, so dass eine relativ kompakte Kuppelform entsteht. Damit bei den vielen Formen und Farben kein gestalterisches Chaos entsteht, sollte es eine dominante Blüte geben. Bewährt hat sich die ausdrucksstarke Sonnenblume. Auf dem Tisch oder Büffet mit anderen Kürbissen arrangieren.

3 Was der große kann, kann der kleine schon lange: Mini-Kürbisse als Blumenvasen – kinderleicht! Mit einem Apfelausstecher tiefe Löcher in die Zierfrüchte bohren. Das ist genau die richtige Größe, um Reagenzgläser hineinzustecken. Mit einer Spritzflasche Wasser einfüllen, kleine Blumen einstellen. Lustig wird's, wenn die Blumen kreuz und quer in alle Richtungen zeigen (nicht zu schräg, sonst kippen sie um!). Für die entschärfte Version einer Halloween-Party, wo es vielleicht nicht gar so gruselig zugehen soll und weder Geist noch Vampir wirklichen Schrecken verbreiten ...

2

1

DER BLAUE SALON

Durch Blumenarrangements einer Farbe auf der Spur

Laden Sie doch mal unter einem Farbmotto ein, zum Beispiel Blau. Viel zu selten betrachtet man die Dinge im Detail. Mit blauen Blumenarrangements in all den unbeschreiblichen Nuancen können Sie auf eine faszinierende Entdeckungsreise gehen. Sie stellen fest, dass es viel mehr Blautöne gibt als gedacht, dass die Oberfläche, matt oder rau, den Farbeindruck verändert, ebenso die Eigenschaften auflichtig oder durchlichtig. Blaues Glas wirkt anders als gleich blauer Stoff, eine durchscheinende Ritterspornblüte anders als die papierartigen Hortensien. Beleuchtet von Tageslicht oder gelblichem Kunstlicht – ein und dieselbe Blume wirkt wie zwei ganz verschiedene. Sie und Ihre Gäste haben sich natürlich vorbereitet, sich über Farbe im Allgemeinen und Blau im Besonderen informiert, und schon sind Sie mitten in einer spannenden Diskussion um das Farberlebnis Blau!

Tipp Mit »Blau« können Sie Ihr blaues Wunder erleben: Blaue Tischblumen wirken bei Tageslicht am schönsten. Grelle Sonne lässt das Blau verschwinden, und in Kunstlicht erscheint es fahl und kränklich.

SIE BRAUCHEN *(Bild 1 und 2):*
- *Hortensienpflanzen in Blautönen*

für die Topfummantelungen:
- *graugrüne Blätter (trocken oder künstlich), Heißkleber*
- *Lavendellaub*
- *feiner Maschendraht, Trockenblütenpotpourri*
- *Papier und Band in Blau*

Alternative (Bild 3):
- *Glasvasen in kräftigem Blau*
- *Schnittblumen in allen Blautönen (hier: Vergissmeinnicht, Hortensien, Rittersporn, Skabiosen, Enzian)*
- *Accessoires in Blautönen*

1 + 2 Ein blaues Ensemble, das aus nur einer Blumen- oder Pflanzenart zusammengestellt ist, verträgt Abwechslung in den Gefäßen. Zu den lilablauen Hortensienpflanzen können Accessoires und florale Topfummantelungen die verwandten Farbtöne aufgreifen: blau- und blaugraustichiges Grün, Kobaltblau, Hell- und Dunkelblau und bräunliche Töne mit einem Hauch Violett. Salbeigrüne Seiden- oder Trockenblätter, mit Heißkleber direkt auf den Plastiktopf geklebt, bilden eine ungewöhnliche und dennoch sehr dezente Pflanzenmanschette. Triebe von Lavendel, senkrecht angeordnet, wirken ländlich-rustikal und urig-kräuterhaft. Eine doppelte Lage feiner Maschendraht kann in der Hand zur Topfhülle geformt werden. Die Seitenwände mit farblich passenden Trockenmaterialien füllen und oberen Rand nach innen oder außen zusammendrücken. Eine weitere Variante: Topf schräg in blaues Seidenpapier rollen, Kante festkleben und die tütenförmige Hülle mit Schleifenband und Lavendelblüten schmücken.

3 Hier ist es umgekehrt: die Gefäße sind gleich, aber die Blumen verschieden. Jede Blumenart ist für sich in eine konische Vase gestellt. Das verdeutlicht ihre spezifischen Merkmale. Auch dies ist ein Stillleben in Blau, dennoch ganz anders, kräftiger, frischer, leuchtender und mit mehr Transparenz. Übrigens: Gönnen Sie sich den Spaß und zählen Sie doch einmal die Blautöne!

3

DER BEISTELLTISCH

STILLLEBEN MIT SCHLEIERKRAUT

Wenn ein Allerwelts-Beiwerk die Hauptrolle spielt

BLÜTEN UND GRÜN UNTER GLAS

Ein uraltes Hobby gelangt zu neuen Ehren

Der Beistelltisch ist ein ergänzendes Möbelstück, an dem nicht wie am Esstisch die Hauptaktion stattfindet. Die Zwecke können verschieden sein.In Esstischnähe platziert, kann ein geschmückter Beistelltisch als stilvolle Ausweichfläche dienen, etwa zum Anrichten von Speisen oder als Likörbar. Ist auf dem Esstisch nicht genug Platz für Blumenschmuck, kann der Beistelltisch auch als reines Dekorationsobjekt im Raum fungieren. Alles Repräsentative, alles was zelebriert und besonders hervorgehoben werden soll, ist auf einem Beistelltisch gut aufgehoben. Nicht zuletzt ist er eine kleine schmucke Stillleben-Ecke für die Fotos der Lieben und die schönsten Erinnerungsstücke.

STILLLEBEN MIT SCHLEIERKRAUT

Wenn ein Allerwelts-Beiwerk die Hauptrolle spielt

Ein altes Tischchen vom Sperrmüll, ohne Platte, aber mit Schublade, inspirierte zu dieser Idee für einen Beistelltisch. Er wurde weiß lasiert und mit einer Glasplatte abgedeckt. Darauf lassen sich allerlei kleine Bindereien aus weißem Schleierkraut arrangieren, Girlanden, Kränze, Sträuße, zusammen mit anderen weißen und silbernen Utensilien. Der Clou aber ist: durch die Glasplatte hindurch kann man in die Schublade schauen, und die ist dicht gefüllt mit Schleierkrautzweigen. Ob wolkiges Schleierkraut alleine oder mit lieblichen Margeriten durchsetzt – ein traumhafter Anblick und wie gemacht für einen Beistelltisch, auf dem das sommerliche Dessert angerichtet wird! Entsprechend geschmückt, kommt er aber auch für viele andere Zwecke, beispielsweise als Maialtar, in Frage.

SIE BRAUCHEN *(Bild 1 und 2):*

- *Kastentisch, Glasplatte*
- *viel Schleierkraut*
- *dünne Kordel, Steckdraht*
- *Wickeldraht, Myrtendraht in Silber*
- *weiße und silberne Accessoires (hier: silberne Rosenkugel, weiße Altarkerze, Zinngeschirr, Alabasterschälchen, Organza- und Spitzenband, Perle, Kränzchen aus Weidenkätzchen, Metallkrönchen als Teelichtbecher)*

Alternative (Bild 3):

- *Tisch wie oben*
- *zum Schleierkraut noch Margeriten und margeritenblütige Chrysanthemen*
- *breiter Keramiktopf als Vase*

1 + 2 Ein altes Schubladentischchen aufzumöbeln hat einen besonderen Charme. Aber um den Effekt mit der Vertiefung unter der Glasplatte zu haben, kann man natürlich auch einen Kasten mit vier Beinen bauen (oder bauen lassen). Das Schleierkraut so kurz schneiden, wie der Kasten hoch ist und dicht an dicht aufrecht hineinstellen. Es ist kein Steckschaum nötig. Schleierkraut trocknet mit der Zeit sehr schön ein. Für die Kränze und Girlanden wickeln Sie Schleierkrautspitzen mit Wickeldraht oder dem dünneren Myrtendraht auf die Kordel oder eine Drahtunterlage. Je länger die Stiele sind, desto dicker wird der Wulst.

3 Margeritenblüten gesellen sich hier zum Schleierkraut. Um sie länger frisch zu halten, stehen sie unter dem Glas in Wasserröhrchen, die vom Schleierkraut verdeckt werden. Der Strauß steht in Wasser. Das Schleierkraut hält die einzeln hindurch gesteckten Margeriten in Position.

Tipp Die Glasplatte vom Glaser in den gewünschten Maßen zuschneiden lassen. Sie muss geschliffene Kanten haben. Je größer, desto dicker muss sie sein. Der Glaser wird Ihnen die richtige Stärke empfehlen.

2

BLÜTEN UND GRÜN UNTER GLAS

Ein uraltes Hobby gelangt zu neuen Ehren

Blüten zu pressen und hinter Glas zu schützen, hat eine lange Tradition – mal aus botanischem, mal aus dekorativem Interesse. Eine effektvolle Tischschmuckidee ist es, Büten, Blätter und andere flache Pflanzenmaterialien auf dem Tisch zu arrangieren und mit einer Glasplatte abzudecken. Die entstehenden Bilder oder Muster können in Verbindung gebracht werden mit frischen Blumen und allen möglichen Utensilien, die auf dem Tisch zusammenkommen sollen. Eine Anrichte, ein Anekdotentisch, ein Nachttisch, eine Kommode, ein Sideboard – alle Arten von Beistelltischen können so in ungewöhnlicher Weise aufgewertet werden. Auf die gute Idee kommt es an. Die technische Ausführung ist unglaublich einfach.

SIE BRAUCHEN *(Bild 1):*

- *Glasplatte*
- *gepresste Stiefmütterchenblüten*
- *Stiefmütterchenpflanzen*
- *Väschen, Schale*
- *farbig kontrastierendes Tischtuch (oder Papier)*

Alternative (Bild 2 und 3):

- *Glasplatte*
- *Schachtelhalm*
- *Holzbrett*
- *Spanndraht*
- *Bohrmaschine, Holzbohrer*
- *Glasröhrchen, Spritzflasche*
- *Schnitt-Kalla*
- *Organzaband*

1 Getrocknete Stiefmütterchen (selbstgepresst oder gekauft) auf die Tischdecke streuen, Glasplatte bündig mit der Tischkante darüber legen. Kleine Vasen und Schalen mit Wasser nehmen frische Blüten auf. Mit wenigen Mitteln zaubern Sie so eine heitere, verspielte Atmosphäre, etwa für Ihre Fotoecke.

2 + 3 Kühle Ausstrahlung gewünscht? Nehmen Sie viel Schachtelhalm und ordnen ihn parallel an. Die Halme werden vom Gewicht der Glasplatte festgehalten. Feuchtes Material sollten Sie immer auf einem unempfindlichen Tisch (Glas, Kunststoff) arrangieren oder eine Extra-Platte unterlegen (die kann auch aus Holz sein). Für das ebenfalls linienbetonte Gesteck in ein Brett Löcher bohren, Spanndraht-Spiralen einkleben, Wasserröhrchen durchschieben, die Kalla einstecken. Ideal als erfrischender Büffettisch im Sommer.

Tipp Im Prinzip ist diese Dekoration auch auf Esstische übertragbar, allerdings eher auf kleinere. Sonst ist die benötigte Glasplatte zu groß, schwer und unhandlich – und Dekorieren soll doch Spaß machen!

PFLANZENNAMEN

Deutsch	Botanisch
Ackerwinde	*Convolvulus arvensis*
Alpenveilchen	*Cyclamen persicum*
Apfel	*Malus domestica*
Astilbe, Gartenastilbe	*Astilbe × arendsii*
Ballonwein, Herzsame	*Cardiospermum halicacabum*
Bambus	*Bambusa, Fargesia, Sasa etc.*
Bergenie	*Bergenia cordifolia*
Buchsbaum	*Buxus sempervirens*
Chrysantheme	*Dendranthema × grandiflorum*
Dahlie	*Dahlia*
Efeu	*Hedera helix*
Enzian, dreiblütiger Enzian	*Gentiana triflora*
Erdbeere	*Fragaria × ananassa*
Flammenblume	*Phlox paniculata*
Freesie	*Freesia*
Fuchsschwanz	*Amaranthus caudatus*
Galax-Blatt, Bronzeblatt	*Galax urceolata*
Gerbera	*Gerbera jamesonii*
Hafer	*Avena sativa*
Hahnenkamm-Celosie	*Celosia argentea var. cristata*
Heide, Besenheide, Heidekraut	*Calluna vulgaris*
Heide, Winterheide, Schneeheide	*Erica carnea*
Hirse, Rispenhirse	*Panicum miliaceum, P. capillare*
Hortensie, Bauernhortensie	*Hydrangea macrophylla*
Johanniskraut	*Hypericum*
Jungfer im Grünen	*Nigella damascena*
Kalla	*Zantedeschia aethiopica*
Kastanie, Rosskastanie	*Aesculus hippocastanum*
Kosmee, Schmuckkörbchen	*Cosmos bipinnatus*
Kürbis, Zierkürbis	*Cucurbita pepo*
Lampionblume	*Physalis alkekengi*
Lavendel	*Lavandula angustifolia*
Lilie	*Lilium*
Lisianthus, Schönkelch	*Eustoma grandiflorum*
Löwenmäulchen	*Antirrhinum majus*

Deutsch	Botanisch
Mais, Ziermais	*Zea mays*
Margerite, Mittelmeermargerite	*Argyranthemum frutescens*
Margerite, Wiesenmargerite	*Leucanthemum vulgare*
»Mikado-Stäbe«	*Tetraria termalis*
»Moneta-Blätter«	*Chamaecrista continifolia*
Myrte, Brautmyrte	*Myrtus communis*
Nelke, Edelnelke	*Dianthus caryophyllus*
Passionsblume	*Passiflora caerulea*
Purpurskabiose, Samtskabiose	*Scabiosa atropurpurea*
Rittersporn, einjähriger	*Consolida ajacis*
Rittersporn, Staudenrittersporn	*Delphinium Cultivars Belladonna Grp.*
Rohrkolben	*Typha latifolia*
Rose	*Rosa*
Rosmarin	*Rosmarinus officinalis*
Sauerampfer	*Rumex*
Schachtelhalm, Winterschachtelhalm	*Equisetum hyemale*
Schleierkraut, Gipskraut	*Gypsophila paniculata*
Seerose	*Nymphaea*
Sisal, Sisalagave	*Agave sisalana*
Skabiose	*Scabiosa caucasica*
Sonnenauge	*Heliopsis helianthoides*
Sonnenblume	*Helianthus annuus*
Sonnenbraut	*Helenium autumnale*
Sonnenhut	*Rudbeckia fulgida*
Stiefmütterchen	*Viola × wittrockiana*
»Strickgras«	*Dovea mucronata*
Thymian	*Thymus vulgaris*
Vergissmeinnicht	*Myosotis sylvestris*
Waldrebe	*Clematis vitalba*
Wasserhyazinthe	*Eichhornia crassipes*
Wasserlinse, »Entengrütze«	*Lemna minor*
Wassersalat	*Pistia stratiotes*
Weide, Kätzchenweide	*Salix caprea*
Wilde Möhre	*Daucus carota*
Zierspargel, Spargelkraut	*Asparagus retrofractus*
Zinnie	*Zinnia elegans*
Zitronenthymian	*Thymus × citriodora*
Zypergras	*Cyperus alternifolius, C. haspan*

PFLANZENNAMEN

Botanisch	**Deutsch**
Aesculus hippocastanum	Kastanie, Rosskastanie
Agave sisalana	Sisal, Sisalagave
Amaranthus caudatus	Fuchsschwanz
Antirrhinum majus	Löwenmäulchen
Argyranthemum frutescens	Margerite, Mittelmeer-margerite
Asparagus retrofractus	Zierspargel, Spargelkraut
Astilbe × arendsii	Astilbe, Gartenastilbe
Avena sativa	Hafer
Bambusa, Fargesia, Sasa etc.	Bambus
Bergenia cordifolia	Bergenie
Buxus sempervirens	Buchsbaum
Calluna vulgaris	Heide, Besenheide, Heidekraut
Cardiospermum halicacabum	Ballonwein, Herzsame
Celosia argentea var. cristata	Hahnenkamm-Celosie
Chamaecrista continifolia	»Moneta-Blätter«
Clematis vitalba	Waldrebe
Consolida ajacis	Rittersporn, einjähriger
Convolvulus arvensis	Ackerwinde
Cosmos bipinnatus	Kosmee, Schmuck-körbchen
Cucurbita pepo	Kürbis, Zierkürbis
Cyclamen persicum	Alpenveilchen
Cyperus alternifolius, C. haspan	Zypergras
Dahlia	Dahlie
Daucus carota	Wilde Möhre
Delphinium Cultivars Belladonna Grp.	Rittersporn, Stauden-rittersporn
Dendranthema × grandiflorum	Chrysantheme
Dianthus caryophyllus	Nelke, Edelnelke
Dovea mucronata	»Strickgras«
Eichhornia crassipes	Wasserhyazinthe
Equisetum hyemale	Schachtelhalm, Winter-schachtelhalm
Erica carnea	Heide, Winterheide
Eustoma grandiflorum	Lisianthus, Schönkelch
Fragaria × ananassa	Erdbeere
Freesia	Freesie
Galax urceolata	Galax-Blatt, Bronzeblatt
Gentiana triflora	Enzian, dreiblütiger Enzian
Gerbera jamesonii	Gerbera
Gypsophila paniculata	Schleierkraut, Gipskraut
Hedera helix	Efeu
Helenium autumnale	Sonnenbraut
Helianthus annuus	Sonnenblume
Heliopsis helianthoides	Sonnenauge
Hydrangea macrophylla	Hortensie, Bauern-hortensie
Hypericum	Johanniskraut
Lavandula angustifolia	Lavendel
Lemna minor	Wasserlinse, »Entengrütze«
Leucanthemum vulgare	Margerite, Wiesen-margerite
Lilium	Lilie
Malus domestica	Apfel
Myosotis sylvestris	Vergissmeinnicht
Myrtus communis	Myrte, Brautmyrte
Nigella damascena	Jungfer im Grünen
Nymphaea	Seerose
Panicum miliaceum, P. capillare	Hirse, Rispenhirse
Passiflora caerulea	Passionsblume
Phlox paniculata	Flammenblume
Physalis alkekengi	Lampionblume
Pistia stratiotes	Wassersalat
Rosa	Rose
Rosmarinus officinalis	Rosmarin
Rudbeckia fulgida	Sonnenhut
Rumex	Sauerampfer
Salix caprea	Weide, Kätzchenweide
Scabiosa atropurpurea	Purpurskabiose, Samtskabiose
Scabiosa caucasica	Skabiose
Tetraria termalis	»Mikado-Stäbe«
Thymus vulgaris	Thymian
Thymus × citriodora	Zitronenthymian
Typha latifolia	Rohrkolben
Viola × wittrockiana	Stiefmütterchen
Zantedeschia aethiopica	Kalla
Zea mays	Mais, Ziermais
Zinnia elegans	Zinnie

GLOSSAR

Andrahten auf einen Blumenstiel oder ein Büschel Grün einen u-förmig gebogenen Floristendraht legen und mit dem längeren Drahtende mehrmals um Stiel und Drahtbogen fest wickeln, ein oder beide Drahtenden nach unten laufen lassen, so entsteht eine biegsame, stabile Stielverlängerung

Aromalampe Gestell mit Teelicht und einem Wasserschälchen darüber, in dem duftende ätherische Öle verdampft werden können, auch Duftlampe genannt

Beiwerk Sammelbegriff für natürliches Zubehör im Blumenarrangement, weitere Begriffe sind Schnittgrün, Blattwerk, Grünzweige, botanisches Beiwerk, Grün

Blütenboden eine Blüte, deren Blütenblätter entfernt wurden, z.B Sonnenblume und andere Korbblütler

Bundware Schnittblumen-Verkaufseinheit meist in Folie zu 10 oder 20 Stück, oft preiswerte Angebote im Blumengeschäft und auf dem Markt, unbearbeitet, d.h. die Stiele müssen noch gesäubert und angeschnitten werden

Drahtkrampen siehe Krampen

Entdorner auch Abdorner oder Rosenentdorner genannt, kleines praktisches Werkzeug zum Abstreifen der Stacheln vom Stiel, Vorteil: schnelles Arbeiten, vor allem wichtig bei großen Mengen an stacheligen Blumen, z.B. Rosen, sauberer, aber auch zeitaufwändiger geht es mit dem Messer

Flowerhair auch Engelshaar genannt (aber nicht das aus Glasfaser!) Handelsbezeichnung für ein feines, glänzendes Drahtgespinst, gold-, silber- oder kupferfarben, effektvoll schon in kleinsten Mengen

Folie zum Auslegen von nicht wasserdichten Gefäßen wie zum Beispiel Körben sollte man Blumengeschenkfolie oder eine andere feste Kunststoff-Folie nehmen, keine normale Haushaltsfolie, für besonders große Flächen oder starke Beanspruchung eignet sich dünne Teichfolie

Fries siehe Tischfries

Frisch anschneiden bedeutet, ein Stück der Blumenstiele mit einem scharfen Messer schräg abzuschneiden, unmittelbar bevor man sie in Wasser stellt, z.B. nach dem Transport oder beim täglichen Vasenwasserwechsel, um die Leitungsbahnen besser aufnahmefähig zu machen

Frischhaltemittel auch Schnittblumennahrung genannt, Pulver oder Flüssigkeit, wird nach Gebrauchsanweisung dem Vasenwasser beigegeben, enthält vereinfacht ausgedrückt Zucker als Energielieferant und bakterienhemmende Substanzen, kann die Haltbarkeit von Schnittblumen erheblich verbessern

Frischsteckschaum siehe Steckschaum

Gefäßfüllung Sammelbegriff in der Floristik für Werkstücke aus gestellten oder gesteckten Blumen (außer gebundenen Sträußen) in Vasen, Töpfen, Schalen und anderen Gefäßen

Gips in der Floristik als technisches Hilfsmittel zum Anfertigen von stabilen Basiskonstruktionen verwendet, zum Beispiel um Stäbe in Töpfe einzugipsen

Girlande in der Floristik formbinderische Arbeit, bei der haltbares Grün oder Blumen auf einen Kordelstrang gewickelt werden, aber auch lockere Auffädelungen von einzelnen Blüten und Blättern auf Draht werden so genannt, dichte Auffädelungen heißen auch Ketten

GLOSSAR

Glasröhrchen außer den Standard-Reagenzgläsern, wie es sie in der Apotheke gibt, können über den Floristen oder im Bastelbedarf Glasröhrchen in verschiedenen Längen, Durchmessern und mit Löchern zum Aufhängen, mit leicht gewölbtem Rand oder mit Kragen bezogen werden, es gibt schmale, in die gerade ein Alpenveichenstiel passt, und breite, die sogar Rittersterne (»Amaryllis«) aufnehmen können

Hagebutten Früchte der Rose, unreif grün, reif überwiegend in Orange/Rottönen, aber auch gelbe, braune und schwarze sind zu finden, in der Floristik vielseitig einzusetzen, am Zweig oder lose, frisch, zum Eintrocknen oder bereits getrocknet

Heißkleber Klebstoff in Stangenform, der durch eine Führung in einem Handgerät, der sogenannten Klebepistole, geschoben und an deren Metallspitze erhitzt und damit verlüssigt wird, mit Heißkleber lässt sich fast alles in der Floristik kleben, nur frische Blätter und Blüten werden an den »verbrannten« Stellen braun

Konisch kegelförmig zulaufend, Konus = Kegel, eine konische Form ist eine Becherform, eine sich verjüngende Zylinderform

Korbblütler sehr große Pflanzenfamilie, botanisch Asteraceae, mit charakteristischer Form ihrer Blütenstände, bei denen viele Blüten (Scheibenblüten) dicht in Köpfchen zusammengefasst sind und auf einem oft korbartigen Blütenboden stehen, meist umgeben von Insekten anlockenden Randblüten (Zungenblüten)

Krampen auch Drahtkrampen oder Haften genannt. Gebogene Drahtstücke in verschiedenen Größen, in der Floristik zum Feststecken von flachen Pflanzenteilen wie Blättern, z.B. auf Strohkränzen und Formen aus Trockensteckschaum

Kranzunterlage Ringe aus verschiedenen Materialien (Stroh, Weide, Bandeisen, etc.) und in verschiedenen Größen, zum Bestecken, Bekleben oder Bewickeln mit Blumen und Grün

Laminiergerät Einschweißgerät für spezielle Laminierfolien, erhältlich im Bürobedarfshandel in DIN A4 und DIN A3, das erste hat »Haushaltsgröße«, kostet um die 200 Mark und ist für viele floristische Anwendungen völlig ausreichend

Maschendraht auch Küken-/Hühner-/Kaninchen-/Hasendraht genannt, sechseckige Maschen, verzinkt, im Baumarkt unter der Bezeichnung »Sechseckgeflecht« erhältlich, gibt's in verschiedenen Maschenweiten, für Steckknäuel sind ca. 2 cm, für Topfummantelungen ca. 1 cm Maschenweite geeignet

Mono unter Floristen ein häufig gebrauchtes Kurzwort, das die Einheitlichkeit des verwendeten Materials in einem Werkstück beschreibt, etwa Mono-Strauß, Mono-Arbeit, Mono-Füllung oder Mono-Kranz, ganz aus einer Blumensorte, etwa aus grünen Nelken

Myrtendraht dünner Schmuckdraht, grün oder braun, gold-, silber- oder kupferfarben, für alle feineren Binde- und Wickelarbeiten in der Floristik

Nylonschnur auch Perlonschnur genannt, sehr zugfeste Kunststoffschnur von der Rolle, im Dekorateur- oder Bastelbedarf erhältlich, ideal zum fast unsichtbaren Aufhängen von floralen Objekten an der Wand, von der Zimmerdecke oder am Fenster

Orchideenröhrchen Plastikröhrchen, die Orchideen und andere trockenheitsempfindliche Blumen auf ihrem Transportweg mit Wasser versorgen, mit Gummideckel und darin ein

Loch für den Blumenstiel, in verschiedenen Größen beim Floristen erhältlich

Organzaband transparentes Schmuckband aus imprägnierten Chemiefasern, z.B. Nylon. Imitation von Organdy, das aus Baumwollbatist besteht. In der floristischen Praxis sind oft beide Begriffe nur auf die Transparenz und nicht auf das Material bezogen

Papierdraht auch Rebenbindegarn, Rebdraht oder Papierdekodraht genannt, papierummantelter Bindedraht in Stücken oder von der Rolle, naturbraun oder farbig

Pergaminpapier auch als Architektenpapier, Durchpauspapier oder Transparentpapier bekannt, milchig-weißes, durchscheinendes Papier, vom Block, als lose Bögen oder von der Rolle erhältlich, in der Florstik gerne als Zubehörmaterial verwendet und für Grußkarten

Potpourri farblich interessante Mischung aus Blüten, Blütenblättern und anderen Pflanzenteilen und meist gleichzeitig eine Duftkomposition (Duftpotpourri) mit eigenem Duft und angereichert durch ätherische Öle

Reagenzglas aus der Apotheke oder dem Chemiebedarfshandel, dünnes Glasröhrchen von 1,5 cm Durchesser und 16 cm Länge, siehe auch Glasröhrchen

Rosenkugel Glaskugel verspiegelt und in verschiedenen Farben, mit der röhrenförmigen Öffnung auf einen Stab gesteckt, als dekoratives Element im Gartenbeet, besonders zu Rosen attraktiv, speichert Wärme, dient auch mit Holzwolle gefüllt, unverschlossen als warmer Unterschlupf für Nützlinge wie Ohrenkneifer, die glänzenden Kugeln gibt es in mehreren Größen, sogar tischtennisballklein für den Balkonkasten oder als Schmuck für Kübelpflanzen

Rosenschere auch Baumschere genannt, im Garten zum Abschneiden von Pflanzenteilen, in der Floristik zum Kürzen von festen Blumenstielen und Zweigen verwendet (kein Ersatz für frischen Anschnitt mit dem Messer!)

Schleierblätter auch Skelettblätter genannt, Laubblätter von verschiedenen Pflanzen, vor allem *Magnolia grandiflora*, durch Mazeration werden die weichen Teile entfernt, übrig bleibt das Blattgerippe, Schleierblätter gibt es beim Floristen oder in den Trockenblumenabteilungen der Gartencenter, auch gebleicht und gefärbt im Handel

Seidenblumen Sammelbegriff für künstliche Blumen und Pflanzen bzw. Pflanzenteile, wurden früher tatsächlich aus Seide gefertigt, heutzutage sind die Ausgangsmaterialien sehr verschieden, von Baumwolle bis zu synthetischen Stoffen

Silberdraht silberglänzender verzinkter Draht in verschiedenen Stärken und Ausführungen, z.B. Wickeldraht (dick, glatt, auf Holz gewickelt), Myrtendraht (dünn, glatt, auf Plastikspulen gewickelt), Bouillondraht (extrem dünn, spiralig gedreht, lose Stücke im Beutel)

Silikagel Trocknungsgranulat aus dem Bastelbedarf oder der Apotheke, nimmt große Mengen Feuchtigkeit auf, entzieht also auch Blumen das Wasser, kann anschließend wieder im Backofen getrocknet werden, nahezu unbegrenzt wiederverwendbar

Sisalfaser naturfarbene, gebleichte oder gefärbte Fasern der Sisalagave, beutelweise als Trockenmaterial im Blumengeschäft oder im Bastelbedarf erhältlich

Spanndraht glatter, galvanisierter Eisendraht in verschiedenen Stärken (ca. 0,4 – 3 mm), auf der

Rolle, mal silberglänzend, mal stumpfgrau, im Baumarkt erhältlich, in der Floristik gut für stabile technische Konstruktionen zu verwenden

Splittstäbe längere werden auch Tonkinstäbe genannt, dünne, glatte Holzstäbe, einseitig angespitzt, oft als Topfpflanzenstütze gebraucht

Spritzflasche Plastikflasche in 250, 500 und 1000 ml mit gebogenem Spritzrohr, ideal zum Befüllen von Reagenzgläsern und anderen Wasserröhrchen, vor allem bei Anordnung über Kopf, erhältlich in Apotheken

Steckdraht starker Floristendraht in etwa 35 cm langen Stücken, galvanisiert (sieht stumpfmetallischgrau aus), einseitig angespitzt, der meistgebrauchte ist der »16er«, das heißt 1,6 mm Durchmesser

Steckschaum auch Steckschwamm oder Steckmasse genannt, Steckunterlage als Ziegel und in vielen Formen wie Kranz und Herz erhältlich, mit dem Messer schneidbar, a) Frischsteckschaum, meist grün, für Schnittblumen, vor Gebrauch aufs Wasser legen und langsam vollsaugen lassen, b) Trockensteckschaum, meist grau, gröber, stabiler, für Trockenblumen und Stäbe

Stielglas filigraner Tischaufsatz aus Glas für Blumenschmuck über Kopfhöhe der Gäste, gibt es in verschiedenen Größen und Formen, meist in Form eines Weinglases oder Pokals mit überlangem Stiel, andere Tischaufsätze dieser Art sind aus Metall, ähnlich hohen Kerzenständern

Surrogat Ersatzmaterial, künstliches Material, in der Floristik meist als Begriff für künstliche Früchte gebraucht

Textur das Muster und die Oberflächenbeschaffenheit eines Gegenstands, zum Beispiel einer Keramikvase, eines Baumstamms, eines Schleifenbands usw.

Tischfries länglich-schmale, bandartige Blumendekoration auf dem Tisch, allgemein auch als Blumenfries bezeichnet und an anderen Orten einsetzbar, z.B. an einem Bühnenrand, oder auf die Gestaltung bezogen, z.B. Stehfries

Trockenranken unter Floristen auch »Muehlenbeckiagerank« genannt, feine, drahtige, trockene Ranken in Knäueln oder Wülsten im Handel, natur-dunkelbraun oder gebleicht, als Füll- und Steckmaterial vielseitig einsetzbar

Trockenmaterialien Sammelbegriff in der Floristik für getrocknete Pflanzenteile, wie Blüten, Blätter, Gräser, Zapfen oder holzige Exoten

Trockensteckschaum siehe Steckschaum

Wasserröhrchen auch Steckröhrchen genannt, siehe Glasröhrchen, Orchideenröhrchen, Reagenzglas

Wasserzerstäuber Sprühflaschen mit unterschiedlicher Pumptechnik, praktisch um Werkstücke einzunebeln, die erhöhte Luftfeuchtigkeit setzt die Verdunstung der Blumen herab, und sie halten länger, je feiner der Sprühnebel, desto besser, nur für sehr wasser- oder tropfenempfindliche Blüten nicht geeignet

Werkstück in der Floristik Fachbegriff für das fertige floristische Gebinde/Arrangement, also etwa Strauß, Gesteck oder Kranz

Wickeldraht glatter, galvanisierter oder kunststoffummantelter Eisendraht (0,4 – 0,6 mm) auf Holz gerollt, in der Floristik am häufigsten zum Wickeln von Kränzen gebraucht

Zungenblüten Randblüten, siehe Korbblütler

ARBEITSTIPPS

SCHNITTBLUMEN-PFLEGE

Schnittblumen sind von dem sie versorgenden Wurzelsystem getrennt. Ihre maximale Lebensdauer ist je nach Art und Sorte begrenzt. Die meisten halten in der Vase ein paar Tage bis eine Woche, einige auch länger. Um die naturbedingte Haltbarkeit optimal auszuschöpfen, gilt es, die wichtigsten Pflegebedingungen zu beachten. An erster Stelle steht die Wasserversorgung, kombiniert mit Verdunstungsschutz.

• Schon beim Einkauf auf gesund aussehende Ware achten. Lassen Sie sich vom Floristen Ihres Vertrauens beraten.

• Unterwegs Stressfaktoren wie Kälte, Wind, Hitze, Sonneneinstrahlung möglichst vermeiden. Schutz bietet eine gute Verpackung in Papier. Den Transport außerdem so kurz wie möglich halten. Dauert er Stunden, fragen Sie im Geschäft nach einer Transportverpackung (z.B. feuchter Wattebeutel oder nasse Steckmasse).

• Lassen sie Schnittblumen (egal ob aus dem Blumenladen oder dem Garten) nicht längere Zeit ohne Wasser liegen. Die meisten Schnittblumen reagieren sehr empfindlich auf eindringende Luft in den Stiel. Schneiden Sie nach jedem – auch noch so kurzen – Transport mit einem scharfen, glatten Messer das unterste Stielstück schräg ab, und stellen Sie die Blumen sofort ins Wasser.

• Die einzige Altenative zum Messer ist eine Ikebana-Schere. Damit lassen sich die einzelnen Blumen auch sehr gut unter Wasser anschneiden – übrigens die beste Methode. Aber: Blumen niemals mit einer Haushaltsschere abschneiden, die quetscht leicht die Leitungsbahnen zusammen. Dadurch wird die Wasseraufnahme stark behindert!

• Schnittbumen außerdem putzen, das heißt, von überflüssigen Blattwerk, Seitentrieben und Stacheln etwa im unteren Drittel des Stiels befreien. Das vermindert die Verdunstung und verhindert übermäßige Bakterienbildung durch faulende Blätter im Vasenwasser.

• Vom Transport dennoch schlapp gewordene Blumen sind oft noch zu retten, indem sie angeschnitten, dicht in Zeitungspapier gerollt und für ein paar Stunden tief in lauwarmes Wasser eingestellt oder gleich ganz in die Badewanne gelegt werden.

• Richtig nach Anweisung dosiert, hält Blumenfrischhaltemittel das Wasser klar (Glasvasen!) und erspart tägliches Anschneiden und Wasserwechseln. Darüber hinaus liefert es den Blumen Nahrung und verbessert so ihre Chancen einer optimalen Haltbarkeit.

• Blumen auch in der Wohnung (oder auf Balkon/Terrasse) gegen extreme Bedingungen schützen. Achtung bei Sonne, Heizung, Strahler, Gebläse, Zugluft, Wind, Kälte, Regen oder Frost.

• Schneiden Sie die Blumen für einen Strauß oder Gesteck unmittelbar vor dem Verarbeiten auf die gewünschte Länge (wieder schräger Schnitt) und stellen Sie sie sofort wieder in Wasser bzw. nassen Steckschaum.

• Das Einnebeln der Blumen mit einem Wasserzerstäuber hilft gegen Verdunstung in warmen Räumen, wenn ein Blumenarrangement möglichst lange halten soll. Transportable Gebinde sollten bei zu großer Wärme wenigstens über Nacht an einen kühleren Platz gestellt werden.

• Je besser Sie die Blumen pflegen, desto länger werden sie halten.

ARBEITSTIPPS

BEIWERK
Die Pflegemaßnahmen gelten weitestgehend auch für das Schittgrün. Alle Blätter, Ranken und anderes Beiwerk, das von draußen geholt wird, sollte gründlich gesäubert und abgetrocknet werden, bevor man es im Tischschmuck einsetzt. Ranken wie Ackerwinde und Waldrebe müssen vor der Verwendung ganz oder teilweise entblättert werden. Die Blätter stören nicht nur die lineare Gestaltung, sie würden auch viel zu schnell welken.

TROCKENMATERIALIEN
Die Auswahl an getrockneten Blumen und Pflanzenteilen im Floristikgeschäft oder im Gartencenter ist groß. Auch selber trocknen (aufhängen, pressen, in Silikagel legen etc.) ist interessant. Vor allem für Tischdekorationen, die über eine längere Zeit halten sollen, bieten sich Trockenmaterialien an.

TOPFPFLANZEN FÜR DEN TISCH
Freilandpflanzen im Topf wie Kissenprimeln oder Heide können nur vorübergehend als Dekoration im Haus verbleiben. Bei Pflanzen auf dem Tisch ist darauf zu achten, dass es keine Verschmutzungen durch die Erde gibt. Auch ist für die meisten Menschen der Anblick von Erde nicht zu vereinbaren mit einem weißen Tischtuch. Deshalb ist es ratsam, Pflanzungen mit Moos abzudecken.

WERKZEUG
Für alle Schnittblumenarbeiten brauchen Sie ein scharfes Messer! Wer öfter blumige Objekte gestalten will, für den ist eine Grundausstattung an Floristenwerkzeug empfehlenswert. Außer dem Messer (Floristen- oder Gärtnermesser oder einfaches, aber scharfes und glattes Küchenmesser) gehört dazu eine handliche Blumen- oder Rosenschere, eine Drahtschere (niemals Draht mit der guten Rosenschere schneiden!), eine Haushaltsschere für Papier und Schmuckband, Papierdraht, Bindebast, dünne Gummihandschuhe, eine Heißklebepistole und Klebesticks, eventuell eine Arbeitsunterlage z.B. ein Stück starke Plastikplane. Nützlich ist eine kleine, handliche Bohrmaschine mit Bohrspitzen für Holz, Metall oder Stein. Gießkanne, Spritzflasche und Wasserzerstäuber leisten ebenfalls gute Dienste.

TECHNISCHE HILFSMITTEL
Steckschaum: Frischsteckschaum (grün) immer zuerst aufs Wasser legen und sich von alleine vollsaugen lassen, bevor er mit Blumen besteckt wird. Niemals unter Wasser tauchen, das würde zu einem Lufteinschluß im Zentrum führen, und Blumen, dort hinein gesteckt, welken sofort. Das Material lässt sich mit einem einfachen Küchenmesser beliebig zurechtschneiden. Gebrauchte Frischsteckmasse nicht ein zweites Mal verwenden. Trockensteckschaum (grau) ist fester, quietscht beim Zerschneiden und »staubt« etwas. Er kann mit Heißkleber zusammengeklebt werden. Bei den Kranz-Unterlagen sollte den Ausführungen mit Kunststoffboden der Vorzug gegeben werden. Anderenfalls muss ein Teller untergelegt werden.
Drähte: Ein kleiner Vorrat ist ratsam. Die häufig gebrauchten Sorten sind Wickeldraht, Myrtendraht und 16er Steckdraht. Für stabile Konstruktionen eignet sich Spanndraht aus dem Baumarkt (0,5 – 3 mm). Spiralen entstehen, indem man einen runden Bleistift, Holzstock oder Eisenstab gleichmäßig umwickelt und den Stab wieder herauszieht. Mit einer Rolle Maschendraht hat man immer eine praktische Steckhilfe parat.

HANDWERKLICHE TECHNIKEN
Stecken: Gängigerweise wird in Steckschaum gesteckt (siehe dort). Ältere und wieder neuentdeckte Methoden erweitern die Möglichkeiten, z.B. ein Knäuel Maschendraht oder Drahtge-

spinst (für kleinere Blumen in Glasgefäßen), Trockenranken (als füllige Stütze zwischen den Blumen), ein Gitter aus Tesafilm über einer Schalenöffnung, mit Sand oder Steinen am Gefäßboden – alles bewährte Methoden für den häuslichen Bereich.

Wickeln: Bei einer klassischen Girlande sieht man keinen Draht. Gestalterisch einsetzen kann man aber das sichtbare Wickeln mit Schmuckdraht oder Zierkordel. Tütenformen und Hörnchen, Bündel und lockere Girlanden profitieren von dieser Optik.

Kleben: Trockenblumen klebt man am besten mit der Heißklebepistole, faserige Materialien können gut mit Sprühkleber in Form gebracht werden (Achtung: der riecht ziemlich stark, deshalb einen Tag ausdünsten lassen, bevor die Dekoration auf den Tisch kommt). Papiere und Stoffe halten mit normalem Haushaltskleber. Wichtig ist, dass man sauber arbeitet, damit man in der Tischdekoration, die im direkten Blickfeld der Gäste steht, keine Klebestellen sieht.

ZEITAUFWAND

Einige Werkstücke in diesem Buch sind schnell gemacht, manche in 5, andere in 15 Minuten. Dafür gibt es bei manchen Objekten etwas zeitaufwändigere Vorarbeiten. Vom optischen Effekt und dem Spaß an der Sache einmal abgesehen, lohnen sich diese Grundkonstruktionen aber auch praktisch, denn sie sind vielseitig zu verwenden und jahrelang haltbar.

MENGENANGABEN

Im Buch sind meist ungefähre Angaben zu finden, in Relation zu den gezeigten Arbeiten. Nehmen Sie beispielsweise einen kleineren Kranzdurchmesser, brauchen Sie weniger Blumen. Wollen Sie einen Schmuck mit Stielgläsern für eine lange Tafel machen, können Sie sich die benötigte Anzahl anhand der Sitzplätze ausrechnen.

HALTBARKEIT VON TISCHSCHMUCK

Blumen, auch die auf dem Tisch, sollen möglichst lange halten, und man kann selbst einiges dafür tun. Aber man sollte die Haltbarkeit nicht zur obersten Maxime erheben. Es gibt in puncto Haltbarkeit einen grundsätzlichen Unterschied zu beachten zwischen Blumenschmuck im Allgemeinen und solchen Dekorationen, die nur für eine begrenzte Zeit, etwa für die Dauer der Feier, optimal aussehen müssen. Ein typisches Beispiel ist der Brautsrauß, der nur einen Tag, nämlich den der Hochzeit halten muss, um die Braut zu schmücken. Darüber hinaus möchten manche Bräute ihren Brautstrauß gerne trocknen und als Erinnerungsstück aufbewahren.

Auch beim Tischschmuck finden sich Beispiele. Alle Arten von Gedeckschmuck, von der umrahmenden Girlande für den Ehrengast bis zum Teller- und Serviettenschmuck, sind nur für die Dauer des Festmahls an der Tafel gedacht und müssen nicht länger halten. Dass man auch hier vielleicht ein Kränzchen aus Buchsbaum zur Erinnerung aufheben kann, ist eigentlich eher Nebensache.

Es gibt viele ausgesprochen reizvolle Tischschmuckideen, die nur für den Augenblick, maximal ein paar Stunden für den stimungsvollen Rahmen einer Feier dienen sollen. Denken Sie nur an gestreute Rosenblütenblätter! Ihr bezaubernder Ausdruck von Leichtigkeit und Unbeschwertheit – wer würde darauf verzichten wollen, nur weil die Pracht bald vorbei ist?

Im Falle, dass eine Deko aber gar für Wochen oder Monate gewünscht ist, gibt es viele Kombinationsmöglichkeiten mit dauerhaften Grundelementen und austauschbaren Frischblumen oder die Variationen des Trocknens von Glycerin bis Silikagel. Blumen welken, das ist nun einmal so. Die ganze Kunst ist, die richtigen Blumen für den richtigen Zweck auszuwählen und floristisch so einzusetzen, dass die Gestaltung größtmögliche Freude bereitet.

BEZUGSQUELLEN

Floristikgeschäft Die Quelle Nr. 1! Lassen sie sich auf jeden Fall zunächst bei Ihrem Floristen beraten, das spart viele Wege!

Bastelgeschäft/Bastelabteilung Gartencenter für Accessoires, Bänder, Wickeldraht, Steckdraht, Myrtendraht, Drahtkrampen, Steckschaumziegel und -formen frisch und trocken, Kranzunterlagen aus Metall und Stroh (»Strohrömer«), Kerzen, Seidenblumen, Surrogate, Gefäße, farbiger Bindebast, Sprühkleber, Heißkleber, Sisal, Flowerhair, Glasröhrchen, Trockenmaterialien.

Gärtnerei/Gartencenter für Zimmerpflanzen, Beet- und Balkonpflanzen, Kräuterpflanzen, Rebdraht (Papierdraht), Bindebast, Handschuhe, Töpfe, Floristen-/Gärtnermesser, Blumen-/Rosenschere, Schnittblumenfrischhaltemittel, Weidenzweige, Bambusstäbe, Orchideenröhrchen, Rosenkugeln, Wasserzerstäuber (Sprühflaschen), Weidenkörbe, Teichfolie, Zierkürbisse, große Bambusrohre.

Baumarkt für Teppichklebeband, Floristen- und Gärtnermesser, Drahtschere/-zange, Heißklebepistole und Klebesticks, feste Handschuhe, Maschendraht, Kaltkleber, Quarzsand, Gips, Farblasuren, Tacker, Holzbretter, Tischlerplatte, Bohrmaschine und Holzbohrer, Glasplatten (die gibt es auch in der Glaserei).

Dekoladen/Geschenkartikelladen für Stoffe, Papiere, Schmuckbänder, Zierkordeln, Kerzen, Accessoires, Perlen, Vasen und Schalen, Rosenkugeln, farbige Teelichte und Teelichtgläser, Kerzenhalter, Papierservietten, Kartenhalter, Flowerhair, Stielgläser, Asien- und Halloween-Accessoires.

Bürobedarf für Pappe, Papiere, Pergamin-/Architektenpapier, Kleber/Sprühkleber, Laminiergerät und Laminierfolien, Tesafilm, Heftzange/Büro-Tacker, Papier-/Haushaltsschere, Goldstift, Filzstift, Paketklebeband.

Apotheke für Reagenzgläser, Reagenzglasständer, Spritzflaschen.

Haushaltswarengeschäft/Warenhaus für Vasen, Haushaltsscheren, Küchenmesser, Gummihandschuhe, Flaschenbürsten (für Vasen und Glasröhrchen), Trinkbecher aus Glas und farbigem Kunststoff, Trinkhalme, Apfelausstecher.

Zoohandlung/Aquaristik für Quarzsand/Vogelsand, Glasaquarien, Wasser- und Schwimmpflanzen, Wasserlinsen.

Versandfirmen Es gibt im Bereich Blumendekoration eine ganze Reihe von Firmen, die sich auf den Versand schöner und nützlicher Dinge spezialisiert haben. Siehe Bezugsquellenverzeichnisse der einschlägigen Zeitschriften.

Garten Wer gerne mit Blumen gestaltet, das Haus und speziell Tische häufig dekoriert und dazu einen eigenen Garten hat, der kann sich glücklich schätzen. Fast das ganze Jahr über stehen hier Blumen und interessantes Beiwerk zur Verfügung. Da ist es leichter, eine Komposition mit vielen verschiedenen Materialien zu gestalten. In einem Garten erlebt man die Eigenheiten der Pflanzen und die Jahreszeiten viel näher und intensiver – die besten »Studien« für den gestalterischen Umgang mit Blumen im Heim.

Natur Darüber hinaus bietet sich natürlich auch der Wald- und Wiesenspaziergang an, »Beiwerk« zu sammeln. Ackerwinde, Efeu und Waldrebe, Hagebuttenzweige, allerlei Wildbeeren, schöne Steine, »Entengrütze«, von einem Teich gefischt, ein Seerosenblatt – die Natur bietet viele schöne Dinge, die man, ohne Raubbau zu treiben, nutzen kann.

LITERATURVERZEICHNIS

BÜCHER

Die verwendeten Bücher älterer Herkunft sind über Bibliotheken zu beziehen, falls sie nicht mehr im Buchhandel erhältlich sind.

Anger, G., Bortfeldt, G.: Kränze aus Blüten und Früchten. Verlag E. Ulmer, Stuttgart 2000

Beuchert, M.: Sträuße aus meinem Garten. 4. Auflage, Verlag E. Ulmer, Stuttgart 1991

Bürki, M., Fleischli, P.: Schnittblumen, Schnittgrün und Fruchtzweige. 3. Auflage, Thalacker Verlag, Braunschweig 1997

Carow, B.: Frischhalten von Schnittblumen. 2. Auflage, Verlag E. Ulmer, Stuttgart 1981

Cheers, G. (Hrsg.): Botanica. Könemann Verlagsgesellschaft, Köln 1998

Conolly, S.: Blumen für den Tisch. Gerstenberg Verlag, Hildesheim 1997

Donzel, C.: Geliebte Blumen. Eine Kulturgeschichte. Gerstenberg Verlag, Hildesheim 1998

Effelsberg, A.: Blumen liebevoll arrangieren. Falken Verlag, Niedernhausen 1991

Encke, F.: Kalt- und Warmhauspflanzen. 2. Auflage, Verlag E. Ulmer, Stuttgart 1987

Erhardt, W., Götz, E., Bödeker, N., Seybold, S.: Zander – Handwörterbuch der Pflanzennamen. 16. Auflage, Verlag E. Ulmer, Stuttgart 2000

Foerster, K.: Blauer Schatz der Gärten. 2. Auflage, Verlag E. Ulmer, Stuttgart 1990

Granow, G.: Blumen stecken und binden. Verlag E. Ulmer, Stuttgart 1999

Itten, J.: Kunst der Farbe. 25. Auflage, E. A. Seemann, Leipzig 1999

Jessen, H., Schulze, H.: Botanik in Frage und Antwort. 12. Aufl., Verlag M. & H. Schaper, Hannover 1991

Kohlbrand, F.: Europa windet den Kranz. Frisingia Verlag, Freising 1984

Kratz, M.: Blumen im Winter. Floristische Ideen von November bis März. Verlag E. Ulmer, Stuttgart 2000

Lestrieux, E. de, Belder, J. de.: Der Geschmack von Blumen und Blüten. Eine kulinarische Entdeckungsreise. DuMont Buchverlag, Köln 1993

Lestrieux, E. de: Der Kürbis und alles, was in ihm steckt. DuMont Buchverlag, Köln 1998

Lochmann, A., Overath, A. (Hrsg.): Das Blaue Buch. Lesarten einer Farbe. Krater Bibliothek Greno Verlagsgesellschaft, Nördlingen 1988

Pryke, P.: Neue Blumenarrangements. Naturbuch Verlag, Augsburg 1996

Schubert, M.: Wohnen mit Blumen. 18. Auflage, BLV Verlag, München 1998

Sprunger, S., Wieler, M.: Trockenmaterialien für die Floristik. Verlag E. Ulmer, Stuttgart 1992

Stobbe-Rosenstock, F.: Schöner Herbstschmuck, Verlag E. Ulmer, Stuttgart 1995

Urania-Pflanzenreich. Urania-Verlag, Leipzig 1994

Wegener, U.: Pflanzen konservieren. Verlag E. Ulmer, Stuttgart 1990

Wissel, G.v.: Schöner Tischschmuck, Verlag E. Ulmer, Stuttgart 1995

Wundermann, I.: Der Hobby-Florist. 2. Auflage, Verlag E. Ulmer, Stuttgart 1993

ZEITSCHRIFTEN

Teils floristisch-gestalterisch, teils gärtnerisch ausgerichtet sind einige Zeitschriften, die sich mit Blumen und Pflanzen beschäftigen. Fragen Sie auch nach Sonderausgaben zum Thema Tischdekoration.

»BLOOM's«, FMS Verlag, Ratingen

»Eden«, Eden-Verlagsgesellschaft, Gütersloh

»FLORA«, Gruner & Jahr, Hamburg

»FLORISTIK international« (Fachzeitschrift für den Blumeneinzelhandel), Verlag E. Ulmer, Stuttgart

»gartenpraxis«, Verlag E. Ulmer, Stuttgart

»kraut & rüben«, BLV Verlag, München

»mein schöner Garten« Burda Senator Verlag, Offenbach

REGISTER

Autorin

Monika Kratz ist nach Floristausbildung, Germanistik- und Kunstgeschichtsstudium und Chefredaktion einer floristischen Fachzeitschrift heute freiberuflich tätig als Fachjournalistin im Bereich Floristik. Sie schreibt für Fachzeitschriften im In- und Ausland, Special-interest-Zeitschriften und Fachbücher und führt als Moderatorin durch floristische Fachveranstaltungen. Sie hat das floristische Konzept für dieses Buch und die Reihe UlmerFloristik entwickelt. Bisher erschienen sind: »Blumen im Winter – Floristische Ideen von November bis März« (2000) und »Rosen – Dekorative Ideen für jedes Ambiente« (2001).

Monika Kratz · Ginsterweg 61 · 50169 Kerpen
Tel. 0 22 73 - 94 17 71
Fax 0 22 73 - 94 17 72
E-Mail: MoKratz@aol.com

Floristen

Die praktische Umsetzung der floristischen Ideen in diesem Buch lag in den geschickten Händen zweier junger Fachleute: **Sonja Plohmann** , die 1999 ihre Floristmeisterprüfung in der Meisterschule Gelsenkirchen absolvierte, und **Dirk Walterscheid**, der 1998 in der Meisterschule Grünberg die Floristmeisterprüfung bestand. Sie sind beide derzeit tätig im elterlichen Betrieb Walterscheid, der vor rund 25 Jahren gegründet wurde.

Blumenhaus Walterscheid · Hauptstraße 67 · 53809 Winterscheid
Tel. 0 22 47 - 22 10
Fax 0 22 47 - 86 69

Fotostudio

Die stimmungsvollen Fotografien der floristischen Werkstücke wurden realisiert im Fotostudio

Close Up Produktfotografie
Technische Leitung **Ralf Leinburger**
Händelstraße 41 · 50674 Köln
Tel. 02 21 - 95 22 118
Fax 02 21 - 95 22 119
Internet: www.productimaging.com

Dank

Viele Menschen sind an einem Buchprojekt beteiligt, allen ein herzliches Dankeschön, sei es für Arbeitskraft, Material, Zeit, Geduld, Lösungsvorschläge oder – dafür ein Extra-Dank an O.G.A. – kritisches Gegenlesen.

Lassen Sie sich durch Blumen inspirieren.

Wie lassen sich unsere Wohnräume auch in der tristen, kalten Jahreszeit lebendig gestalten? Mit den schönsten Blumen des Winters macht das besondere Freude – ob mit Schnittblumen, Exoten oder blühenden Zimmerpflanzen. In diesem Buch werden 16 außergewöhnliche Arrangements beschrieben, vom zarten Adventskranz in Wachs bis zum kostbaren Tafelschmuck mit Orchideen. Was man den Arrangements nicht ansieht: sie sind verblüffend einfach und schnell nachzuarbeiten.

Blumen im Winter. *Floristische Ideen für November bis März. 2000. M. Kratz. 94 Seiten, 56 Farbfotos. ISBN 3-8001-6772-7.*

Ob zartes Moosröschen oder prächtige Freilandrose – das ganze Jahr über können wir mit der beliebtesten aller Blumen unsere Wohnräume stimmungsvoll gestalten. In diesem Buch sind 30 Arrangements beschrieben, vom klassischen Rosenpokal bis zum modernen Kranz.

Floristik mit Rosen. *M. Kratz. 96 Seiten, 45 Farbfotos. ISBN 3-8001-6770-0.*

Spanische Pfefferschoten mit Saubohnen angerichtet ergeben sicher eine delikate Mahlzeit, können aber auch auf ganz andere Weise verführen – als Grundmaterialien zu floristischen Appetitanregern verarbeitet, erhalten sie plötzlich neue ungeahnte Qualitäten. Ob Artischocken, Maisblätter oder Ringelblumen, ob Rote Bete, Kirschen oder Zucchini – der belgischen Autorin und Floristin gelingt es auf faszinierende Weise, den Formen, Farben und der Gestalt ganz gewöhnlicher Nahrungsmittel zu außergewöhnlicher Wirkung zu verhelfen. Wer dabei Lust bekommt, nicht nur bei den Fotos zu verweilen, kann mit Hilfe der aufgelisteten Materialien selbst aktiv werden und sich dabei an den beschriebenen Arbeitsschritten orientieren.

Dekorieren mit Blumen und Früchten. *61 floristische Werkstücke mit Arbeitsanleitung. R. Gijbels. 132 Seiten, 62 Farbfotos. ISBN 3-8001-5301-7.*

Dieses Buch bietet Ihnen alles, was die Freude an der Floristik ausmacht: Von der Auswahl und Gestaltung von Gefäßen über die Fertigung raffinierter Buketts und haltbarer Arrangements bis hin zur Einbeziehung jahreszeitlicher Themen wird jeder Aspekt der Gestaltung behandelt. In ihren Kompositionen setzt Paula Pryke Blüten spannungsreich in Beziehung zu ungewöhnlichen Formen und Farben. Aus dem einfachsten Blumenstrauß zaubert sie ein Arrangement von Stil und Geschmack. Lassen Sie sich von diesen außergewöhnlichen Kreationen inspirieren! Alle Arbeitsschritte von der Auswahl der Pflanzen bis zur Wahl des wirkungsvollsten Standortes werden ausführlich beschrieben. Dazu erhalten Sie Tipps zur Gestaltung und Pflege, damit Ihre Werkstücke sicher gelingen und lange halten.

Blumensolo. *Minimalfloristik für moderne Räume. P. Pryke. 2000. 144 Seiten, zahlr. Farbf. ISBN 3-8001-6675-5.*

Lassen Sie sich durch Blumen inspirieren.

Das Buch begeistert mit frischen Ideen für neue Kranzkreationen. Sie als Türschmuck und als Tischdekoration zu verwenden war schon immer beliebt. Sie aus Materialien zu fertigen, die ganzjährig quasi vor der eigenen Haustüre zu finden sind, das ist neu. Damit die Kreationen aus Blüten und Früchten auch gelingen, werden in einem besonderen Kapitel die Grundtechniken in Schritt-für-Schritt-Anleitungen ausführlich dargestellt und mit speziellen Signets gekennzeichnet. 18 Kränze für jede Jahreszeit und für besondere Feste erfreuen ganz besonders. Den Fotos sind erklärende Texte und genaue Materialangaben zugeordnet. Das jeweils begleitende Technik-Signet verweist auf die Art der Fertigung, bei Bedarf im Grundkapitel unter dem selben Symbol nachzulesen. Jede Information ist detailgenau und einfach zu erfassen. Hinweise auf Variationsmöglichkeiten lassen genügend Spielräume zur Entfaltung der eigenen Kreativität.

Kränze aus Blüten und Früchten. *2000. G. Anger, G. Bortfeld. 96 S., 100 Farbf. ISBN 3-8001-3159-5.*

Sträuße haben im Prinzip eine einfache Fertigungstechnik und können zugleich komplizierte Gebilde sein. Viele Sinnbilder und Bedeutungen können sich mit ihnen verbinden: Freude und Trauer, Pomp und Repräsentation, Vertraulichkeit und Poesie, Mode und Extravaganz und vieles andere. Sträuße haben Geschichte und hinterließen Spuren auf Gemälden und Beschreibungen. Sie beeinflußten keine Mode, wurden aber durch Mode beeinflußt. Ein Strauß kann Qualitäten aufweisen, die ihn weit über das rein Handwerkliche, das natürlich Voraussetzung sein muß, stellen. Um aber über einen nur handwerklich bestimmten Bereich hinauszulangen, bedarf es der Fähigkeit zu ästhetischem Empfinden und der Auseinandersetzung mit Kultur, Natur, Umwelt sowie der Umsetzung und Übertragung dieser Erfahrungen. Normalerweise sind Sträuße ganz alltägliche Werkstücke.

Sträuße. *Geschichte, Technik, Gestaltung. U. Wegener. 1992. 172 S., 44 Farbf., 106 s/w Fotos, 149 Zeichn. ISBN 3-8001-6483-3.*

Dieses Buch will Vielfalt zeigen! Es stellt den stillen verletzlichen Charakter von Blumen dar, die nicht nur unberührt in der Vase stehen, sondern zu immer wieder neuen Gesamtformen gestaltet werden. Und doch bleiben sie mit sich allein, erdrückendes und störendes Beiwerk gibt es nicht. Die Freude am Handwerk mit Gewachsenem geht Meisterflorist Gregor Lersch nie aus. Unaufhörlich ist er auf der Suche nach Neuem. Da wagt sich zartester Islandmohn heraus aus der Vase in den Wintermorgen. Da stehen Stiele von Ornithogalum zuverlässig ohne Gefäß, ein floraler Zaun aus Reet bringt nicht nur kleinblütige Narzissen ganz groß raus. Entdecken Sie mit einem der bekanntesten Trendgestalter in der Floristik neue Blumen, neue Sorten, neue Farben – oder einfach Überraschungen zwischen Frühjahr und Winter, drinnen und draußen! Zum Beispiel Glas auf Eis – Ranunkel im gleißenden Winterlicht.

Blumen mit sich allein. *2000. G. Lersch. 144 Seiten, 110 Farbfotos. ISBN 90-6255-883-6.*